Max A. Höfer

Zwischen Lustprinzip und Ökoaskese

Aufbruch in eine konservative Neuzeit?

EDITION INTERFROM

CIP-Kurztitelaufnahme der Deutschen Bibliothek

Höfer, Max A.:
Zwischen Lustprinzip und Ökoaskese: Aufbruch in eine
konservative Neuzeit? / Max A. Höfer
Zürich: Edition Interfrom; Osnabrück: Fromm, 1987.
(Texte + [und] Thesen; Bd. 203)
ISBN 3-7201-5203-0

Vertrieb für die Bundesrepublik Deutschland:
VERLAG A. FROMM, Osnabrück
Gestaltung: Zembsch' Werkstatt, München
Gesamtherstellung: Druck- und Verlagshaus Fromm, Osnabrück

Inhalt

Deutschland wird bunter

Die Bundesrepublik Deutschland steht vor ihren entscheidenden Jahren: Nach innen wird sie bunter, pluralistischer, und das bedeutet auch kontroverser, von außen verstärkt sich der ökologische, technologische und politische Druck. Auch wenn der breite Schatten des Ost-West-Konflikts unseren Blick auf die Umwälzungen der Nachkriegsgeschichte verdunkelt, die „sozial-liberale Epoche" (Ralf Dahrendorf) geht unweigerlich zu Ende. Das Kräfteparallelogramm der politischen Interessen hat sich derart verschoben und ist in neue Problemzonen fortgewandert, daß es immer unsinniger wird, die Auseinandersetzungen von heute um die Gegenwart von morgen in den Begriffen von gestern zu führen. Wir schlagen uns ein politisches Vokabular um die Ohren, das größtenteils den Weltanschauungskämpfen um die Jahrhundertwende entstammt, die neuen Frontlinien aber nicht mehr zu beschreiben vermag.

Der alte Sprachgebrauch wird aus polemischen Gründen weiter gepflegt: Um den „wahren" Fortschritt für sich weiterhin reklamieren zu können, denunziert die Linke ihre Feinde als „konservative Reaktionäre" oder „Faschisten". Um sich als alleinige Hüter der Freiheit gerieren zu können, etikettiert die Rechte ihre Feinde mit der groben Schablone des „Kommunismus", obwohl es sich dabei meist um anarchistisch Belastete handelt, die im real existierenden Sozialismus mit bei den ersten im GULag landen würden.

„Der Konservativismus als konkrete geschichtliche Erscheinung, die von einer festumrissenen Ideologie begleitet wurde, ist längst tot und begraben", schreibt Panajotis Kondylis jüngst in seiner brillanten historischen Studie „Konservativismus". Dasselbe läßt sich vom Sozialismus sagen. Als Idee einer egalitären, emanzipativen und herrschaftsfreien Überflußgesellschaft ist er als Arbeiterbewegung gescheitert und durch die Ökokrise vollends absurd geworden. Mit viel ästhetisierender Kulturkritik und Legendenbildung müssen diese Tatsachen überkleistert werden. Die neuen Energien, die jetzt frei werden, brechen diesen Lack auf. Die Begriffe links und rechts, so man an ihnen festhalten will, gewichten ihren Sinn neu.

Was hat sich geändert? Da ist zunächst einmal der Wandel von der Industrie- zur Dienstleistungsgesellschaft: Zählten 1950 51 Prozent der Berufstätigen zu den Arbeitern, 20,6 Prozent zu den Angestellten und Beamten und stolze 28,3 Prozent zu den Selbständigen, so hat sich diese Struktur bis 1985 so entwickelt, daß 48,4 Prozent zu den Angestellten und Beamten gehören, die Arbeiterschaft (den Angestellten ohnehin immer mehr gleichgestellt) liegt bei 39,8 Prozent, und die Selbständigen verringerten ihren Anteil auf 11,8 Prozent der Berufstätigen. Der Technologie- und Produktivitätsfortschritt verkürzte die Arbeitszeit zugunsten von immer mehr Freizeit: Wer 1950 in Rente ging, hatte rund 110 000 Lebensarbeitsstunden auf dem Buckel. Wer im gleichen Jahr 1950 ins Berufsleben eintrat, wird es am Ende auf ungefähr 86 000 Arbeitsstunden gebracht haben; der Berufsanfänger des Jahres 1985 schließlich wird am mutmaßlichen Ende seines Arbeitslebens vielleicht noch 60 000 Stunden gearbeitet haben. Weniger Arbeit also, aber mehr Lebensstandard: Das Vermögen der privaten Haushalte hat sich in den letzten 25 Jahren um das Siebenfache erhöht. Allein diese Daten demonstrieren den sozio-ökonomischen Umbruch, den ein Wandel der Werte begleitete, ja ihn eigentlich erst sozial ermöglichte.

Der Wertewandel signalisiert zudem den in der westlichen industriellen Hochzivilisation systemimmanent enthaltenen Konflikt zwischen Produktion und Kultur, zwischen Leistung und Konsum. Der industrielle Fortschritt, so beschreibt es Daniel Bell, untergräbt in dem Maße seine Leistungs- und Konkurrenzethik, der er sich verdankt, indem er sich erfolgreich in einer hedonistischen Konsumkultur verwirklicht. Leistungsprinzip und Lustprinzip prallen aufeinander. Die Rechte des Individuums rangieren weit vor seinen Pflichten. Diese innere Strukturkrise des Kapitalismus wird nun zweifach überlagert: einmal von der ökologischen Knappheitskrise, die Produktions- und Verteilungsfragen neu stellt, zum zweiten durch die Krise des Hauptprojekts der Moderne: Der autonome Mensch, der nach dieser Vision auf den Gipfeln materiellen Wohlstandes ein gottgleiches, glückliches Leben hätte führen sollen, nun aber, in jenen Enklaven, wo beispielloser Wohlstand herrscht, nach der Sinnerfüllung in der Wohngemeinschaft sucht. Damit sind die beiden tragenden Säulen der Emanzipationsideologie, deren Inhalt die schrankenlose Expansion menschlicher Wünsche ohne Rücksicht auf die innere und äußere Natur des Menschen war, zusammengebrochen. Die zukünftige Politik wird wesentlich von der Einstellung abhängen, ob und wann man diese Tatsachen zur Kenntnis nimmt. Der Ansturm der Fakten wird uns dazu zwingen.

Die jetzt anbrechenden entscheidenden Jahre werden die Weichen stellen, ob wir den konservativen Weg aus der Krise wählen, den von sach- und wertbezogener Nüchternheit, oder ob wir die Öko-Krise jenen anarchistischen Kräften als Spielball überlassen, deren Ziel eine sozialistische Öko-Diktatur aus Libertinage und Dirigismus ist.

Die erste Aufgabe besteht also darin, daß geklärt werden muß, was progressiv und was konservativ ist. Die zweite Aufgabe ist die Verortung der Lage, die Analyse der sich neu formierenden Gesellschaft. Nachdem die älteren Sozialmilieus an Bedeutung verlieren und sich die traditionellen politischen und ideologischen Spannungslinien verwischen, wird es auch für Konservative langsam Zeit, die neuen Lebensstil-Gruppierungen mit ihren persönlichen und beruflichen Motivationen und Bedürfnissen zur Kenntnis zu nehmen. Diese neuen Lebensstil-Gruppierungen lassen sich nicht mehr hinreichend aus den traditionellen (schichten- und konfessionsspezifischen) Milieuunterschieden herleiten. Neue ökonomische und ethische Interessen sind im Entstehen begriffen, so daß sich vermutlich die neuen Lebensstil-Gruppen weiter differenzieren und das Parteiensystem polarisieren werden.
So wichtig die sozio-ökonomischen Strukturverschiebungen für die Erklärung dieser neuen Lebenswelt-Gruppierungen sind, so falsch wäre es, die linke kulturelle Hegemonie (Peter Glotz), unter deren Schirmherrschaft der Zeitgeist steht, zu vernachlässigen. Die antiautoritäre Bewegung, die ihn trägt, war ein internationales Phänomen, das von Amerika ausging, freilich in Deutschland seine speziellen Blüten trieb. Sie erschwert heute gerade in Deutschland die nun wiederum aus Amerika kommende neokonservative Erneuerung, weil der Versuch der Kulturrevolution, den „Charakter der Deutschen" zu ändern (Elisabeth Noelle-Neumann/Renate Köcher), auf weite Strecken gelungen ist und die Linke ihre Erfolge zäh verteidigt. Die liberalen und linken Kulturkritiker hatten in der gesamten westlichen Welt in den sechziger Jahren die

Zerstörung alter Traditionslinien zum Programm erhoben und ihre anarchistischen und emanzipatorischen Forderungen radikalisiert. In Deutschland, der „verspäteten Nation", war die 68er Generation besonders eifrig im Nachsitzen, weil sie die angeblich versäumte „Stunde Null" beflissen nachholen zu müssen glaubte.

In der Analyse der Kulturrevolution als entscheidender Einschnitt in die Wertetraditionen der Deutschen (und der westlichen Welt) sind sich links und rechts einig, in der Bewertung freilich nicht. Heute, wo wir eine weltweite Abkehr von den utopischen Zielen der Linken erleben, unternimmt diese alles, um ihre Mitschuld an der schrankenlosen Expansion einer narzißtisch-hedonistischen Konsumkultur und deren Folgen zu vertuschen.

Es stimmt: „Die Deutschen sind nicht mehr, was sie waren." Mit diesen Worten betitelt der Apo-Opa Ekkehart Krippendorff, schon lange durchmarschierter Professor, im „Spiegel" seinen 20-Jahre-Jubiläumsartikel zum 2. Juni 1967, dem Todestag des Anti-Schah-Demonstranten Benno Ohnesorg, ein Datum, von dem „eine neue Epoche" ausging. In grenzenloser Selbstüberschätzung deutet Krippendorff — im Zeitalter der Supermächte (!) — die Hebelwirkung der deutschen Kulturrevolution und ihrer terroristischen und ökoalternativen Derivate als den „langfristigen, möglicherweise erfolgreichen Versuch, die Bundesrepublik republikanisch und demokratisch zu begründen, nachdem sie bis dato nur oder doch überwiegend ein Produkt der militärischen Niederlage des Deutschen Reiches und der Fremdbestimmung der Siegermächte gewesen war und noch ist". Ohne die Apo hätte es keinen Willy Brandt und keine SPD-Regierung gegeben. Krippendorff weiter: „Seitdem hat sich in unserem Teil Deutschlands ein anfangs scheinbar generationsbedingter Wandlungsprozeß der Einstellung zu Staat, Gesellschaft und Geschichte, auch zur nationalen Identität, vollzogen. Dieser Wandel markiert einen Bruch mit tradierten politisch-gesellschaftlichen Verhaltensweisen, mit jahrhundertealten stabilen Mustern der Akzeptanz von Obrigkeit und Regierung, von Staat und hierarchischer Ordnung. ‚Die Deutschen' sind nicht mehr das, was sie einmal und scheinbar für immer waren: arbeitsam, pflichtbewußt, obrigkeitstreu, autoritär, gehorsam, diszipliniert, und auch nicht mehr nationalbewußt, militaristisch und kulturüberheblich."

Hier wird deutlich, um was es den Progressiven ging: nicht um die Aufhebung des Privateigentums, was noch die Arbeiterbewegung zum Ziel hatte (der Begriff Eigentum kommt bei Professor Krippendorff gar nicht mehr vor), sondern um die Zerstörung der nationalen Identität zugunsten eines anarchischen Lustprinzips. Ein letztes Mal räumt deutsche Gründlichkeit auf: mit sich selbst; doch Krippendorff kann's nicht lassen — am deutschen Wesen soll wieder mal die Welt genesen: „Im westeuropäischen Vergleich derer, die ihr Land, ‚ihren Staat' militärisch zu verteidigen bereit sind, rangiert die Bundesrepublik an letzter Stelle . . . Hat es je in der deutschen Geschichte so viel kreative, staatssubversive Phantasie gegeben wie heute? Und eine so weit verbreitete feindselige Haltung, so wenig Respekt gegenüber den Repräsentanten der Staatsmacht, der Polizei?"

Und trotzdem: Während Krippendorff sich mit steigender Lust an der Zukunftsvision einer zunehmend unregierbaren und illoyalen deutschen politischen Kultur aufschaukelt, befiehlt er uns allen die letzte Spießer-„Verpflichtung": an der „sich ausbreitenden

Unbotmäßigkeit ... aktiv weiter zu arbeiten". Dreht man Krippendorffs negative Hitliste um, dann sind die Deutschen heute: faul, nachlässig, indolent, antiautoritär, undiszipliniert, unzuverlässig sowie kosmopolitisch, pazifistisch und kulturlos. Doch bevor uns Staatsräson in dunkle Abgründe versinken sieht — so schlimm steht es nicht. Die Deutschen arbeiten in erster Linie deshalb weniger, weil sie aufgrund besserer Technologie und Produktivität nicht mehr so fleißig zu sein brauchen. Gleichwohl registriert die Linke frohlockend jeden Punktegewinn im Kampf um den Wertewandel. Was für Elisabeth Noelle-Neumann „innere Verletzungen" sind, bucht die Linke stolz auf ihr Haben-Konto: „Denn mit Nationalstolz und Patriotismus hat die Mehrheit (der Jugend) wenig im Sinn. Statt für das Morgen zu schuften, lebt sie lieber genußvoll in den Tag hinein. Den viel gerühmten deutschen Fleiß hält sie für eine sekundäre Tugend, und aus ihrem Geschichtsbewußtsein resultiert eher eine hypochondrische Selbstkritik, eine gestörte Beziehung zu den Vätern und eine Verneinung von Normen", kommentiert der „Stern" eine international vergleichende Wertestudie des Allensbacher Instituts für Demoskopie. Selbstredend gehört seine ganze Sympathie den smarten Egoisten: „Sie drücken schon mal ein Auge zu, wenn einer Sozialleistungen ungerechtfertigt ausnützt, Büromaterial in der Firma klaut oder Steuern hinterzieht, in der Bahn schwarz fährt oder ein Kind abtreibt." Diese Gesinnung hält man in linken Kreisen für großen Stil und tut die Allensbacher Bedenklichkeit als „Kleinbürger-Katechismus" ab.

Die gereizte Überheblichkeit ist freilich entlarvend, denn die Ergebnisse der internationalen Wertevergleichsstudie tun weh, weil sie das geschönte Selbstbildnis an den entscheidenden Stellen anätzt. Die Alternativbewegung attestiert sich heute gerne „postmaterialistische Tugenden“. Sie seien zärtlicher und friedlicher im Umgang miteinander, sanfter in ihrem Verhältnis zur Natur und entschieden weniger materialistisch als die nur an Konvention, Pflicht und Disziplin orientierte ältere Generation. Nachdem die Linke mit ihren ökonomischen Fortschrittstheorien eine bittere Schlappe hat hinnehmen müssen, erobert sie nun das Land der sittlichen Werte und rettet die Fortschrittsidee für sich, indem sie statt materiellen nun moralisches Wachstum fordert. „Aber dabei wurde die Vergangenheit verzeichnet“, schreibt Noelle-Neumann, „in allen europäischen Ländern, die in der internationalen Wertestudie eingeschlossen waren, hegte die ältere Generation mehr religiöse und mehr moralische Werte — allerdings keine neuen, sondern traditionelle.“

Noelle-Neumann diagnostiziert bei den Deutschen im Gegensatz zu ihren westlichen Nachbarn ein nahezu neurotisches Verhältnis zur eigenen Nation, „eine dünne Haut, gereizt und zerbrochener Stolz“. Die Hoffnung linker Sozialwissenschaftler, je weniger Nationalstolz, heile Welt und gute Umgangsformen, desto mehr Solidarität, menschliche Wärme und Zufriedenheit, hat sich nicht bestätigt. Im Gegenteil: „Stolz auf die eigene Nationalität steht nicht allein, diese Empfindung von Freude, von Zustimmung, von Stärke und Belebung ist verbunden, findet sich eng verknüpft mit dem Stolz auf die eigene Familie, auf die eigenen Kinder, auf die eigene Arbeit, eng verknüpft mit der Fähigkeit, von sich selbst abzusehen, selbstlos zu sein ... Stolz hat zu tun mit der Fähigkeit, sich zu binden, die Liebe zu sich selbst auf die Liebe zu anderen zu übertragen, sich zu identifizieren ... Eine distanzierte Haltung zu dem eigenen Land wird keineswegs durch den Rückzug auf die Kleingruppe Familie oder verstärktes Engagement in der beruflichen Sphäre kompensiert, sondern ist Teil eines übergreifenden Bestrebens, individuelle Ziele über Gruppen- und Sachinteressen zu stellen." Es gibt einen Zusammenhang zwischen geringem Nationalstolz und der Abneigung gegen die Bindungen und Normen, die zugunsten anderer den individuellen Freiraum einengen. Menschen mit geringem Nationalstolz erziehen ihre Kinder viel weniger nach den Werten Höflichkeit, gute Umgangsformen, Treue, Loyalität, Sparsamkeit, Leistungsbereitschaft — alle diese auf Selbstbeschränkung und Disziplin dringenden Ziele gelten ihnen weniger.

Noelle-Neumanns internationale Wertestudie berichtet uns auch über die Zusammenhänge von Nationalstolz und privatem Glück. Individuelles Glück war und ist das Hauptziel aller Anläufe zur emanzipierten Individualisierung. Heute wissen wir, daß die Progressiven dabei einen Holzweg entlangstürmten. Die Distanzierung vom eigenen Land und von der eigenen Kultur geht keineswegs mit erhöhter individueller Zufriedenheit einher. „Personen mit ausgeprägtem Nationalstolz sind zufriedener, froher als Personen ohne entwickelten Nationalstolz, die sich seltener vorbehaltlos als glücklich bezeichnen, häufiger an dem Sinn des Lebens zweifeln und auch ihre häusliche Situation ungünstiger beschreiben. Sinkender Nationalstolz ist nicht Ausdruck eines Rückzugs auf ein privates Glück; individuelle Lebenszufriedenheit ist ein Korrelat der Identifikation mit dem eigenen Land" (Noelle-Neumann).

Auch die gesunkene Leistungsbereitschaft der Deutschen, die die meisten Soziologen als wünschenswerte Anpassung an den wirtschaftlichen und technologischen Wandel veranschlagen, wird durch die internationale Studie insofern zurechtgerückt, als die anderen europäischen Länder und die USA dem technologischen Wandel sicher nicht weniger ausgesetzt sind, die Einstellung aber, sich das Leben so leicht wie möglich zu machen, und der Mangel an Stolz auf die eigene Arbeit in diesem erstaunlichen Ausmaß dort nicht vorhanden sind. 50 Prozent der Amerikaner wollen bei der Arbeit „immer ihr Bestes geben" – aber nur 25 Prozent der Westdeutschen. Der Wertewandel ist ein internationales Phänomen, doch bei den Deutschen fällt er besonders extrem aus. Nun rächt sich, daß die Soziologie als Wissenschaft der Moderne Mentalitätsunterschiede als prämoderne Relikte einschätzte und „die Grenzen und Konflikte zwischen den Nationen" ignorierte (Eugen Lemberg).

Die Argumente der Neo-Konservativen

Warum werden diese kritischen Befunde zum Wertewandel nicht zur Kenntnis genommen? Warum wird den Konservativen, die sich darauf berufen, unterstellt, sie seien lediglich aus materiellen Eigeninteressen an der Aufrechterhaltung der sogenannten Pflicht- und Akzeptanzwerte interessiert und befürchteten Profit- und Machteinbußen von den sich ausbreitenden postmateriellen Selbstverwirklichungs- und Genußwerten? Die Unterstellung enthält insofern einen wahren Kern, als die Konservativen ein positives Verhältnis zum Produktionssektor haben. Sie treten für Leistungsbereitschaft, Loyalität und Gemeinsinn ein, weil sie wissen, daß nur durch diese Werte die Wettbewerbsfähigkeit der Wirtschaft erhalten und den Herausforderungen der neuen Technologien be-

gegnet werden kann, ohne daß soziale Härten den sozialen Frieden gefährden.
Die Gesellschaftskritik der Links-Alternativen hat es da einfach. Da die Linke längst den noch von Marx gegenüber den Marktwirtschaftlern erhobenen Anspruch aufgegeben hat, darüber nachzudenken, wie das Bruttosozialprodukt bestmöglich zustande komme, und sich auf die bequeme Rolle zurückgezogen hat, gegenüber „der Wirtschaft" Ansprüche zu erheben, ihre „Tragfähigkeit zu testen" und für die Umverteilung zu sorgen, ignoriert sie die Sachzwänge der Weltwirtschaft und der Betriebe und ernennt sich selbst zum gütigen Sachwalter der Rechte der „ausgebeuteten" Völker, die es gegen die Leistungsforderungen von Staat und Wirtschaft zu verteidigen gelte. Nach gesunden, funktionstüchtigen und subventionsunabhängigen Alternativ-Betrieben sucht man lange, während die marktwirtschaftlich organisierten eher zu gut funktionieren, zuviel produzieren. „Geben wir doch unserem marxistischen Herzen einen Stoß: Er war ganz erfolgreich, der Kapitalismus, wenigstens im Bereich der materiellen Reproduktion, und ist es immer noch", gesteht Jürgen Habermas. Diese Bemerkung zeigt uns, daß die alte Linke, trotz aller vorgeschobenen ökologischen Bedenken, den technisch-ökonomischen Fortschritt grundsätzlich willkommen heißt. Was sie so sehr stört, ist das „verräterische" Verhalten der Neo-Konservativen — alles ehemalige Liberale, die von der Realität überfallen wurden (Irving Kristol), die nun plötzlich aus dem gemeinsamen Modernisierungszug aussteigen. Sie versuchen — etwa mit dem Hinweis auf die Grenzen des Sozialstaats, der Entwicklungshilfe, der Verschuldung — die zentrifugale Dynamik des Kapitalismus und die kulturelle Desintegration der Emanzipationsbewegung abzu-

dämpfen und an einem ihnen ökonomisch günstig erscheinenden Punkt festzuschreiben. Die Progressiven werfen den Neo-Konservativen deshalb vor, sie wollten die politischen und wirtschaftlichen Errungenschaften der Moderne beibehalten, den kulturellen und emanzipatorischen Preis dafür jedoch nicht bezahlen. Sie seien zu Traditionalisten geworden, die der Mut zur Utopie verlassen habe. Tatsächlich thematisieren die Neo-Konservativen die kulturellen Belastungen, die sich aus der Dynamik des Fortschritts ergeben, der Traditionen schneller veralten läßt, als es unsere individuellen und institutionellen Kapazitäten zu verkraften vermögen. (Das Ausbildungswissen vieler Arbeitnehmer ist heute schon nach zehn Jahren veraltet, manche Berufszweige sind gänzlich ausgestorben.) Die Vorgehensweise der Neo-Konservativen sei nun folgende, schreibt Hermann Lübbe: „Sie empfehlen, weil Traditionen in einer dynamischen Zivilisation ein sehr knappes Gut sind, schonenden Umgang mit denjenigen Traditionen, die noch lebendig geblieben sind; sie leisten entsprechend Widerstand gegen jene kulturrevolutionäre Abräumwut, die uns durch den Abbruch von Brücken, die uns mit der Vergangenheit noch verbinden, auf die Zukunft verpflichten möchte, aber vergißt, daß solche Brücken als Nachschubwege um so nötiger sind, je rascher die Zukunft unsere Gegenwart als Vergangenheit hinter sich läßt. In Natur- und Landschaftsschutz haben ja inzwischen auch Linke begriffen, daß der Zwang zur Bewahrung zukunftsnötiger und zukunftsfähiger Herkunftsbestände mit der Dynamik des Fortschritts anwächst. Nichts spricht dafür, daß nicht ebenso auch in Politik, Kultur und Gesellschaft die Nötigkeit konservativer Verhaltensweisen komplementär mit unserer Fortschrittlichkeit zunimmt."

Die früher liberalen, heute neo-konservativen Bildungspolitiker wissen mittlerweile ebenfalls, daß man den Schülern keinen Gefallen tut, wenn man den Unterricht „demokratisiert“ — worunter Linke verstehen, die Schüler selbst die Lerninhalte bestimmen zu lassen, weil diese dann nur Musik, Sport und Zeichnen wählen. Das einzige Zukunftskapital der Bundesrepublik, unser Know-how, wäre dann allerdings verspielt.

Die Progressiven erregt außerdem das Bestreben der Neo-Konservativen, an der Aufklärungstradition der liberalen Demokratie gegenüber der totalitären Demokratie festzuhalten. Die Neo-Konservativen verteidigen die Gewaltenteilung, die Rechtsbindung der Politik und die formale Demokratie der Mehrheitsentscheidung gegen die „totalitäre ideologische Selbstprivilegierung“ (Lübbe) der Progressiven, die sich anmaßen, im Namen einer endgültigen Menschheitsbefreiung zur Machtausübung berechtigt zu sein. Den Neo-Konservativen geht es im Grunde keineswegs darum, wie ihnen Habermas unterstellt, „die moralischen Begründungslasten der staatlichen Ordnung zu minimieren“, um auf diese Weise für Parlamente, Regierungen und Verwaltungen die Spielräume rechtfertigungsfreien Handelns zu erweitern. Sie glauben aber nicht, daß die außerparlamentarische Politisierung aller Lebensbereiche, also die Übergabe der Entscheidungskompetenz an die öffentliche Meinung, die Demokratie stärkt. Ist es nicht irrational zu glauben, der öffentliche Diskurs über kontroverse Themen sei von vornherein vernünftig und daher friedlich? Müssen politische Bewegungen, die in der Demokratie entstehen, deswegen auch demokratisch, also antitotalitär und tolerant sein? Gerade wegen des prinzipiell bürgerkriegsträchtigen Charakters entgegengesetzter gesellschaftlicher Interessen wird ja der Kampf um die öffentliche Meinung so offensiv und erbittert geführt.

Der technische Staat und der Frontwechsel der Kulturkritiker

Die Aversionen der Linken gegen die Neo-Konservativen sind vor allem deshalb so groß, weil diese den lebendigen Beweis für den Glaubwürdigkeitsverlust des Fortschrittsdenkens verkörpern. In der Frühzeit der Bundesrepublik war alles noch wunderbar einfach gewesen. Friedrich Sieburg konnte auf die selbstgestellte Frage, ob man denn heute (1959) noch konservativ sein dürfe, die ausgleichende Antwort geben: „Diesseits der verhängnisvollen Machtgrenze, die quer durch Deutschland läuft, lebt die Welt mehr oder weniger im Zustand des Liberalismus." Politisch hatten sich die ehemaligen Kontrahenten angenähert. Die demokratisch-marktwirtschaftliche Neuordnung hatte sich stabilisiert. Der Wohlfahrtsstaat öffnete seinen behaglichen Mantel. Die konservative Technik- und Industriekritik war ideologisch kompromittiert, sie verhallte dort, wo man vom Wirtschaftswachstum, den Reallohnsteigerungen, der Vollbeschäftigung und der Egalisierung profitierte. Die kommunistische Zentralverwaltungswirtschaft erwies sich als krankes, hinterherhinkendes Wirtschaftssystem, das nach Sanierung durch westliche Manager geradezu rief. (Man ließ sie nur nicht.) John F. Kennedys „Great Society", in der jeder integriert und alles zum Besseren gesteigert werden sollte, machte Furore. Das Ende der Ideologien schien gekommen. Tatsächlich war es ein Zeitalter liberaler Utopien und Machbarkeitsphantasien.

Ehemals konservative, nun liberale Autoren wie Hans Freyer und Ernst Forsthoff knüpften ausgerechnet an der Vision des Frühsozialisten Claude-Henri de Saint-Simon vom „Technischen Staat“ an. Saint-Simon sah in den „industriels“, zu denen er sowohl die Unternehmer als auch die Arbeiter zählte, die fortschrittliche Klasse, die er planmäßig und effizient in einem wissenschaftlich-technischen Staat organisieren wollte, um das „Ende der Geschichte“, das totale Glück aller, im „positiven Zeitalter“ einläuten zu können. Die konservativen Liberalen übernahmen von dieser Konzeption den Grundgedanken, „daß die Industriegesellschaft einer starken Leitung bedarf, sogar einer doppelten: als Lebensordnung, die ganz auf Wissenschaft beruht, einer Leitung durch die Wissenschaftler; als hochdifferenzierte Arbeitswelt einer Leitung durch Pragmatiker, die fähig sind, im großen Maßstab zu disponieren und zu organisieren“ (Hans Freyer). Der liberale Traum, daß Politik, die ja immer Herrschaft von Menschen über Menschen ist und sein wird, in bloße Verwaltung nach vernünftigen Grundsätzen übergehen würde, wurde von den liberal-konservativen Vertretern des „technischen Staates“ in Analogie zu Saint-Simon übernommen. (Dessen Brüderlichkeitsillusionen teilte man allerdings nicht.) Staat und moderne Technik sollen verschmelzen. „Der Staatsmann des technischen Staates“, schrieb Helmut Schelsky, „betrachtet den Staat als eine Organisation, einen technischen Körper, der funktionieren muß, und zwar mit höchster Leistungsfähigkeit, mit einem Optimum an Ertrag, gemessen an dem, was an Kräften darinsteckt.“ Politik „sinkt auf den Rang eines Hilfsmittels für Unvollkommenheiten des technischen Staates herab“. Das war im Grunde eine Kopie der technokratischen Vision, Sachzwänge der rationalen Verwaltung und Fachleuten zu überlassen, die John F. Kennedy in den USA zu verwirklichen vorgab: „Die meisten von uns sind seit vielen Jahren gewohnt, einen politischen Standpunkt zu haben – einen republikanischen oder demokratischen, einen liberalen, konservativen oder gemäßigten. Die Probleme aber, denen wir uns jetzt gegenübersehen, sind zum größten Teil tech nischer und administrativer Natur. Sie stellen äußerst komplexe Sachfragen dar, die sich durchaus nicht für die leidenschaftlichen Bewegungen eignen, die dieses Land in der Vergangenheit so häufig in Erregung versetzt haben. Sie bringen Fragestellungen mit sich, die heutzutage über das Verständnis der meisten Menschen weit hinausgehen."

Man glaubte so sehr an die Durchschlagskraft der modernen Industriegesellschaft, die auf dem Weg in die „posthistoire" (Arnold Gehlen) alle Probleme, selbst die der Dritten Welt, im Vorbeifahren erledigen würde, daß Ralf Dahrendorf 1963 die Prognose von der „Chancenlosigkeit" des Sozialismus wagte, daß „die Öffnung der Gesellschaft der totalen Linken der Vergangenheit den Boden entzogen (hat) . . ., daß ihr Fehlen in der sozialen und politischen Entwicklung wohl begründet und der Versuch ihrer Wiederbelebung in einer sogenannten ‚neuen Linken' ebenso krampfhaft wie hoffnungslos ist".

Diese Vorhersage sollte sich wenig später ebenso als totaler Mißgriff erweisen wie Schelskys Hoffnung, daß die Politik sich zunehmend in technisch bestimmbare Sachzwänge auflösen und die interessenbestimmte Politik sich in der Verwaltung durch Experten aufheben werde – mit den angenehmen Folgen der Entpolitisierung und Entideologisierung. Die Politisierung der großtechnischen Entwicklungen, der Kernkraft, der Chemie, der Rüstung, der Umweltverschmutzung durch die Ökologiebewegung hat diese liberale Illusion gründlich zerstört; wohl für immer zerstört, denn die ökologischen Grenzen sind ebenso unaufhebbar wie die anthropologischen. Der erhoffte Austritt aus der Geschichte findet nicht statt.

Die „skeptische Generation“ der 60er Jahre schwelgte jedenfalls noch in einer wirtschaftlich-technischen Zukunftseuphorie. Da mußte es auf sie irritierend wirken, daß ausgerechnet gegen sie ein Teil der Nachkriegsjugend, die doch wohlgenährt und brav zu demokratischen und egalitären Werten erzogen worden war, rebellierte und „keinem über dreißig“ traute. Die verhaltensprägende Figur der Jugend des deutschen Wiederaufbaus war der junge Arbeiter und Angestellte gewesen, nicht der Oberschüler und Hochschüler. Das hatte sich seither geändert. „Nicht der hart arbeitende junge Mensch, sondern der pädagogisch geschützte, schulisch Lernende mit gefiltertem, ja gebremstem Wirklichkeitskontakt wird zum sozialen und politischen Modell und Anpassungsschema jugendlichen Verhaltens erhoben“, deutete der Soziologe Helmut Schelsky die aufkommende jugendliche Protestbewegung. Dieser studentische Protest forderte im Grunde eine Radikalisierung jener Versprechungen nach allgemeinem Wohlstand, sozialer Gerechtigkeit und Gleichheit, „Leben, Freiheit und Streben nach Glück“, die man dem neuen Vorbild, der amerikanischen Verfassung, entnommen hatte.

Die antiautoritäre Bewegung in Deutschland erhielt ihren Anstoß aus der amerikanischen Studentenrevolte, sie übernahm deren Aktionsformen — sit-ins, go-ins und teach-ins; ihre Kleidung — Jeans, T-Shirts; ihre Musik — Beat, Pop, Rock; ihre Theoretiker — Marcuse, Baran/Seezy, Mac Luhan; ihre Drogen — Marihuana, Shit, LSD; ihre Themen — Bürgerrechte,

Vietnam-Krieg, sexuelle Revolution, Landkommune und Terrorismus (Weatherman, Black-Panthers). Es gab allerdings drei gravierende Unterschiede: Die deutsche Studentenbewegung stellte ihren Vätern lästige Fragen nach der Vergangenheit und thematisierte die Vergangenheitsbewältigung neu, sie interpretierte sich „sozialistisch“ und vollzog (vergeblich) die „Wendung zum Proletariat“ (H.-J. Krahl), und sie ignorierte im Gegensatz zu Amerika das Umweltproblem. Tatsächlich verschaffte sich hier keine sozialistische, sondern eine „bürgerliche“ Jugend Luft. „Man darf sich über diese Rückkehr der wortführenden Jugend zu bürgerlichen Geisteshaltungen und Bedürfnissen seit Ende der 60er Jahre, also im Studentenprotest und seinen Ablegern, nicht dadurch täuschen lassen, daß dauernd gegen Bourgeoisie und Kapitalismus gewettert und der Arbeiter, besonders der ‚Proletarier‘, den es gar nicht mehr gibt, zum engsten Freund erklärt wird, dem man allein dienen wolle. Diese aus bürgerlich-romantischen Wurzeln aufsteigende Heilsgläubigkeit der Jugend braucht immer einen Gegenstand ihrer Wohltaten“, erklärte Schelsky nachträglich die neuartige Schwäche der Jugend gegenüber der Zivilisationskritik und das hohe Gemeinschaftsbedürfnis. Den Grund sah er in einer fehlgeleiteten Bildungspolitik, die ausgerechnet von einer Arbeiterpartei, der SPD, betrieben worden war, die, anstatt sich der anstehenden Reform der Ausbildung junger Arbeiter und Angestellter zuzuwenden, die „restbürgerliche Jugend“ förderte (die jetzt zu den Grünen überläuft).

Dieser sozialpsychologische Hintergrund erklärt auch, warum der orthodoxe marxistische Flügel des SDS der anfangs kleineren antiautoritären Fraktion unterlag. Die Antiautoritären wandten sich vom Marxismus ab und rehabilitierten Elemente der anarchistischen Taktik. Breitenwirksam wurde diese Linke erst, als ein bundesweiter Massenprotest der „My Generation" (The Who) gegen den Tod des Studenten Benno Ohnesorg 1967 losbrach. Dem waren die schwachen sozialistischen Kader gar nicht gewachsen. „Der SDS konnte mit seiner begrenzten Anzahl von Mitgliedern das Protestpotential nicht mehr lenken, nicht mehr schulen und nicht mehr organisieren. Der SDS als Organisation scheiterte an seinen Erfolgen. Der Zerfall des SDS wurde mit dem studentischen Massenprotest vorprogrammiert" (Karsten D. Voigt).

Aber noch nie ist einem die Revolution in den Schoß gefallen. Der ganze neo-marxistische Ballast, den sich die Studentenbewegung am Anfang herkunftsbedingt auflud, war für zweierlei gut: Er provozierte und ließ sich antibürgerlich, zugleich auch progressiv in Richtung eines antiautoritären Lustprinzips (Herbert Marcuse) umdeuten. Als die Studentenbewegung schließlich, der Logik kleinbürgerlicher Bewegungen folgend, den Rückzug ins Private antrat, warf sie, bis auf einige wenige Unentwegte, die marxistische Orthodoxie ab und ersetzte sie durch libertär-anarchistischen Individualismus, emanzipative Lustphilosophie, Sponti- und Authentizitätskult, später auch durch ökologische und konservative Elemente.

Diese im Grunde bürgerlich-romantische Protestwelle gegen eine angeblich autoritäre, gar als „faschistoid" denunzierte Gesellschaft konnte sich an keiner Mauer in einer längst „auf dem Weg zur vaterlosen Gesellschaft" (Alexander Mitscherlich) joggenden Bundesrepublik brechen, sondern mußte auf breiter Front in Anpassung verebben. Das war es wohl auch, was die heute arrivierten 68er mit dem „Marsch durch die Institutionen" gemeint haben(!?).

Die Kulturrevolution als Modernisierungsbewegung

In ihrem Ergebnis erneuerte die Studentenbewegung also nicht den Sozialismus, sondern beschleunigte die kulturelle Modernisierung. Sie wollte das versprochene Glück jetzt und sofort, begründete dies theoriebefrachtet mit alten traditionalen Emanzipationsidealen und ging ein intimes Austauschverhältnis mit der Konsumindustrie ein. Man sollte die Konsumkritik der 68er keinesfalls überbewerten. Das kleine Konsumglück des kleinen Mannes, die Freude, mit der Otto Normalverbraucher an den vielen Knöpfen des neuen Farbfernsehers, der Waschmaschine, der Hifi-Anlage usw. drehte, ließ sich gut zu einer Karikatur des Spießers verzeichnen, der seinen Kritikern auch noch den Gefallen tat, ihren Spott ernst zu nehmen. Noch dominierte eine christlich-konservative Kultur, die beim Stichwort Luxus zusammenzuckte und darunter sündvolles Wohlleben, Schwelgerei, genußvolle Wollust und Pracht verstand. Auch das „geborgte Elend“ (Schelsky) in der Dritten Welt, das man wohl am wenigsten der hart arbeitenden Bevölkerung zuschieben konnte, die es sogar zuließ, mit anspruchslosen, schlecht bezahlten Gastarbeitern auf dem Arbeitsmarkt konkurrieren zu müssen, diente vornehmlich als moralische Keule, um auf dem schlechten Gewissen der Saturierten herumzuschlagen.

Selbst der harte Kern, der mit terroristischen Anschlägen gegen Kaufhäuser angeblich den Konsumterror bekämpfte, war zutiefst korrumpiert. Andreas Baader schwärmte für schnelle Autos und schicke Wohnungen. Ulrike Meinhof und ihr Mann Klaus Röhl gingen abends beim liberalen Hamburger Großbürgertum ein und aus, während sie tagsüber in der Zeitschrift „Konkret“ das Elend der Gastarbeiter anprangerten.

Röhl fuhr einen 6-Zylinder-Opel, Hausgehilfinnen wuschen das Geschirr, 1968 kauften beide eine Villa in der feinsten Gegend von Hamburg. Ihre beiden Töchter führten das wohlbehütete Leben höherer Töchter: weiße Kniestrümpfe, Lackschuhe, blauer Faltenrock. Erzogen wurden sie von einer älteren Gouvernante. Im Garten standen zwei Ponys. „Papa hat Mama mit Schmuck und teuren Pelzen überschüttet", erzählen die beiden Töchter heute. In Berlin besuchten die beiden Mädchen eine teure Privatschule, bevor Mutter Meinhof auf Emanzen- und Kommunentrip ging. Die Töchter gerieten damals übrigens in einen unauflösbaren Widerspruch zwischen der traditionellen Moral der Nobelschule und dem wilden Leben in der Kommune. „Wir haben dort einen Haß fürs Leben, auf die breite Masse, auf das Kollektiv, das dich verschlingt, mitbekommen", urteilen sie heute über diese Zeit: „Terroristen oder Kapitalisten, diese ganze Generation war doch nur scharf aufs Geld. Die haben die Banken nur deshalb überfallen, weil die ganze Bande um jeden Preis reich sein wollte."

Viel wichtiger als die konsumkritische Rhetorik war also die Umwälzung der Alltagskultur, das, was man zu Recht Kulturrevolution nennt. Sie propagierte einen betont antibürgerlichen Lebensstil, der vornehmlich gegen feste bürgerliche Moral- und Ordnungsprinzipien und die rationalistisch-nüchterne Berufswelt gerichtet war. Diese Gegenkultur wiederholte jedoch nur das, was die ästhetische Avantgarde der Jahrhundertwende in exklusiven Künstler- und Bohèmezirkeln vorexerziert hatte. Sie beanspruchte, neu und revolutionär zu sein, während sie doch nur massenhaft wiederholte, was andere schon vorgelebt hatten. Was dabei herauskam, schreibt Daniel Bell, „war die schäbige Herrschaft des Modischen und Läppischen. Für

die ‚Culturati' gab es internationale Großproduktionen, für den Mittelstand Hedonismus und für die Massen Pornographie. Und wie es dem Charakter einer Mode entspricht, hatte sie die Kultur nur trivialisiert."
Unter den argwöhnischen Blicken der Konservativen, aber mit massiver Unterstützung der Konsumindustrie, entstand ein narzißtisch-antiautoritärer, auf unmittelbare Bedürfnisbefriedigung versessener Sozialcharakter. Im vereinten Schulterschluß zwischen Konsumindustrie und Kulturrevolution meinte man, alte, störende Traditionen abbauen zu können. Die gemeinsame progressive „one market — one world"-Philosophie hatte ein Interesse daran, die Mobilität zu erhöhen, asketische, lustfeindliche Sitten und Gebräuche abzubauen, die Genußsinne zu schärfen, Nationalkulturen zu internationalisieren und die Frauen, dieses noch unaktivierte gewaltige Nachfragepotential, zu emanzipieren.
Mit vereinten Kräften gelang es denn auch relativ schnell, die Umgangsformen zu lockern, die Kleidungsvorschriften aufzulösen, bürgerliche Konventionen aufzubrechen, die Geschlechter anzugleichen, liberale Erziehungsmethoden einzuführen und generell das Programm der individuellen Selbstverwirklichung, den Prozeß der Autonomisierung des Individuums, voranzutreiben. Gemeinsam huldigte man der anarchistisch-kommunistischen Parole „Jeder nach seinen Fähigkeiten, jedem nach seinen Bedürfnissen" — bezahlt wird später. Die Produktindustrie trieb unsere materiellen Ansprüche in die Höhe. Die Protestbewegung forderte jedoch, worauf Rolf Peter Sieferle hinweist, daß wir uns „von den Ersatzbefriedigungen durch Waren ab- und den ‚wirklichen Bedürfnissen' zuzuwenden (hätten). Sie bestärkte damit die Individuen in der Grenzenlosigkeit ihrer Wünsche, ohne je-

doch, wie es die Werbung zumindest in Form der Waren tat, wenigstens Befriedigung in Form eines Surrogats anbieten zu können. Wir wollen alles, und zwar hier und jetzt — daraus kann natürlich nur folgen, daß man nichts bekommt, nirgendwo und niemals." Sehr schnell ist so aus Lust Frust geworden. Dieser Befund ist von existentieller Bedeutung.
Die ökologische Krise beraubt den Fortschrittsglauben darüberhinaus seines materiellen Instruments. Es muß Abschied genommen werden von einer total technisierten Überflußgesellschaft, die gemäß der progressiven Theorie Voraussetzung der klassenlosen Gesellschaft hätte sein sollen. Vielleicht mag es den progressiven Konkursverwaltern gelingen, den Sozialismus, der alles auf die Karte des unbegrenzten technisch-wirtschaftlichen Fortschritts setzte, als Irrlehre zu verwerfen, um die Fahne der progressiven Utopie nur umso höher zu schwingen. Noch größere Schwierigkeiten bereitet aber das offenkundige Scheitern des kulturellen Emanzipationsprogramms. Die universalistischen Progressiven glauben ja, daß im Verlauf der Modernisierung Freiheit, Gleichheit und Brüderlichkeit zunehmen würden und die alten, traditionellen menschlichen Institutionen (wie Familie, Staat, Religion usw.) abstürben. Heute können wir sagen, daß sich diese Vision nicht erfüllt hat. Das mag bedauerlich sein, besonders wenn man unter Freiheit Selbstbestimmung, unter Gleichheit Gerechtigkeit und unter Brüderlichkeit Toleranz und gegenseitigen Respekt versteht. Der Konservative beurteilte die Weltverbesserungspläne der Progressiven immer schon skeptisch. Er kann ihnen aber nun konkret entgegenhalten, daß sich die alten Institutionen, trotz massiven Beschusses durch Konsumindustrie und Kulturrevolution, bewährt haben. Das Eigentum erfreut sich größter Beliebtheit. (Selbst Sozia-

listen reprivatisieren wieder.) Ebenso geht es den Werten Familie, Treue, Nation, Heimat, sogar Religion, die alle eine Renaissance erleben.
Lange hatte dieses kulturrevolutionäre Feuer nicht gebrannt, von dem sich die Linke die Einebnung der Unterschiede zwischen den Geschlechtern, den Kulturen, den Klassen, den Nationen, den materiellen Lebensbedingungen und des Gegensatzes von Stadt und Land, von In- und Ausland, von Freund und Feind, von eigener und fremder Kultur erhofft hatte. Doch das Großkollektiv der autonomen Individuen, ausgestattet mit dem richtigen Bewußtsein und den wahren Bedürfnissen, wollte sich nicht einstellen. Nervös wurden die Kuturrevolutionäre, als eine merkwürdige Nostalgiewelle die Deutschen heimsuchte und sie den Rückzug ins Private antraten. Die Angebote, sich von den althergebrachten religiösen, familiären und konventionellen Bindungen zu lösen, waren schnell angenommen worden. Fürs erste schienen sie große Erleichterungen und Vorteile zu bringen: kein Kirchgang mehr, weniger lästige Verpflichtungen, die Senioren kamen ins Altersheim, die Kinder in den Hort, und im „Playboy" konnte man(n) sich die zeitgemäße Gesinnung anlesen, sich auf anregende Weise befriedigen und seine Vorurteile gegenüber exotischen Ländern und Leuten (insbesondere Mädchen), Speisen und Getränken abbauen.
Die Individualisierung zum Selfmademan setzte die Unternehmungslust frei, der Markt teilte den Menschen die Funktionen zu und schaltete sie zu einer Automatik zusammen, die immer neuen Fortschritt erzeugte. Die unsichtbare Vernunft (im Westen) funktionierte exakter als die planende (im Osten). Wer dies als Isolation beklage, könne nur Angst vor der Freiheit haben, hieß es. Doch die Kritik an der Anonymität der

„einsamen Masse“ (David Riesman), an der Bürokratie, den Trabantenstädten, dem Massentourismus und der Gleichgültigkeit und Kälte der Leute verstummte nicht. Heute wird sie wieder laut geäußert und vereint die Klagen der Altkonservativen, die Ratlosigkeit der kritischen Theorie und die Ängste der Alternativbewegung.

Haben sich diese Befürchtungen erfüllt? Der Meinungsforscher Edgar Piel ist dieser Frage nachgegangen und findet die Deutschen auf der Flucht ins Geflecht der kleinen Netze. Gerne tanzen Herr und Frau Müller hinaus ins freie Feld, wo ihnen oft schnell kalt wird und sie den meist ungeordneten Rückzug — mit dem schlechten Gewissen des Versagers vor den progressiven Werten — antreten.

Die Achsenzeit der Moderne

Im Hinblick auf die heutige grün-alternative Bewegung und deren konservative Zivilisationskritik liegt eine gewisse Ironie in dem Umstand, daß ausgerechnet die neo-marxistische Frankfurter Schule (Horkheimer, Adorno und Marcuse), verbunden mit der Rezeption von Lukács, die genuin konservative, jedoch kompromittierte Zivilisations- und Konsumkritik in Deutschland wieder hoffähig machte. Daniel Bell hat darauf aufmerksam gemacht, daß die erste Generation marxistischer Theoretiker, unter ihnen Kautsky, Lenin und Plechanow, kaum etwas oder gar nichts von den marxistischen Frühschriften wußte und somit den Begriff der „Entfremdung“ nicht kannte. Für den amerikanischen Marx-Interpreten Sidney Hook war der Entfremdungsbegriff ein Produkt der deutschen Romantik, die von Marx später selbst verspottet wurde, und der Begriff sei verschwunden, weil Marx seit der „Deutschen Ideologie“ die gesellschaftlichen Verhältnisse exakt als Klassenverhältnisse fassen wollte. Erst seit 1960 avancierte die Kategorie „Entfremdung“ — in konservativer Terminologie „Entwurzelung“ genannt — zum Zentralbegriff der neomarxistischen Schule, von wo aus sich die Kritik an Technik und Massenkultur formulieren ließ. Von Lukács und Antonio Gramsci, die den Hauptträger der Revolution, das Proletariat, durch die Intellektuellen ersetzten, bezogen die frisch promovierten Jungakademiker der 68er Generation den theoretischen Ritterschlag und durften von nun an die wahre innere Elite der Avantgarde repräsentieren. So konnte die konservative Kulturkritik die Fronten wechseln.

Das Bewußtsein, in einem Zeitalter des Verfalls, der Entfernung von der Natur oder von den Ursprüngen zu leben, den Fortschritt selbst als Dekadenz zu empfinden, ist konservativ. Im Vordergrund stand für den alten, den rückwärtsgewandten Konservativismus die Sorge um die Erhaltung der Ordnung und der Privilegien von Thron und Altar und deren theologische Legitimation. Auch nach dem Passieren der sogenannten „Achsenzeit“ (Armin Mohler), worunter man die Epochenschwelle versteht, in der eine bürgerliche oder sozialistische Revolution den alten Konservativismus beseitigt und auslöscht und dieser sich nun, selbst zur Weltanschauung geworden, der Zukunftsgestaltung zuwendet, blieb der pessimistische Glaube, in einem Zeitalter des Verfalls zu leben, ein Motiv der Oberklasse, die um ihren Status bangt. Diese Angst befällt jedoch alle Oberschichten und ist demnach zu einem traditionalen Denkmuster aller besitzenden und herrschenden Klassen, die etwas zu verlieren haben, geworden, seien es Kapitalisten oder Sozialisten.

Daß der Umweltschutz heute eine so breite Zustimmung findet, verdankt er dem allgemeinen hohen Lebensstandard, der es sich leisten kann, ökologische Kosten weiteren materiellen Gewinnen vorzuziehen. Allein schon deshalb sind die Grünen eine bürgerliche Bewegung. Die Konservativen nach der Achsenzeit sind nicht mehr nur bewahrend wie die Altkonservativen, sondern sie suchen nach Alternativen, nach Zuständen, deren Erhaltung sich lohnt. Auch darin ist die Ökologiebewegung konservativ.

Vor dem Hintergrund der Erfahrungen mit der postindustriellen Wachstumsgesellschaft muß der Standort der Linken neu bestimmt werden: Historisch ausgedrückt, durchlaufen die Progressiven gegenwärtig die Achsenzeit der Moderne. Sie sind reaktionär, weil sie an erbaulichen Positionen festhalten, die nun wirklich nicht mehr zu halten sind, weil ihnen die Beschleunigung des wissenschaftlich-technischen Fortschritts nicht mehr nützt, sondern schadet, weil es kein Zurück mehr gibt in die geschlossene Epoche der Moderne, der die Postmoderne die Vielfalt der Lebensstile und Kulturen entgegensetzt.

Konservative Kulturkritik hat es schwerer als progressive, weil sie immer von neuem beantworten muß, was Glück ist und ob sich die Kultur bewährt. Weil sie nicht vom hohen Roß eines Idealmaßes feststehend urteilen kann: Metaphysik, Hausfrauen, Polizisten, Mutter und Kind, das Patriarchat, Liebe, Technik und Tod sind reaktionär, cool-distanzierte Zyniker (und Humanisten natürlich!) hingegen seien progressiv.

Die Generation der Alternativlis und Yuppies

Aus heutiger Perspektive ist die eigentliche Zäsur in der Nachkriegsgeschichte der Bundesrepublik Deutschland die Ölkrise 1973, mit der die Ökologie-Diskussion erst richtig losging. Viele Konservative sehen in der Protestbewegung den eigentlichen Bruch, weil damals ein tiefer Graben zwischen den Generationen aufbrach. Diese Beobachtung war und ist richtig. Doch sosehr sich die 68er Bewegung von der Intention her als Gegenkultur begriff und auch so interpretiert wurde, der Wirkung nach war sie eine Modernisierungsbewegung, die, auf dem vorhandenen Wohlstand aufbauend, zu neuen, utopischen Ufern aufbrach und sich nur an ihren Rändern marxistisch-sozialistisch verstand und damit kräftig mißverstand. Insofern war die Protestbewegung nur der besonders exaltierte Ausdruck einer allgemeinen Aufbruchsstimmung in die rosige Zukunft des Sozialstaates, die den Zeitgeist artikulierte und die gesellschaftliche Entwicklung vorantrieb. Mit den politischen Themen (Hochschule, Vietnam, Deutschlandpolitik) wurde zwar Politik gemacht, doch mehr von den Medien als von den Studenten selbst, die sie oft zum Vorwand für die Rationalisierung ihrer primär sozialpsychologischen Motive nahmen. Berühmt ist der Ausspruch des Kommunevorsitzenden Kunzelmann, der heute Abgeordneter der Alternativen Liste in Berlin ist: „Mich interessiert nicht der Vietnam-Krieg, sondern meine Orgasmusschwierigkeiten."

Diese Jugendbewegung, die sich aus der wohlmeinenden Umklammerung ihrer Eltern freistrampelte, war auf der Suche nach dem glückseligen Leben, nach Freiheit, Jazz, Pop, Drogen und freier Liebe. Das galt ihr mehr als Erfolg, Status und Geld. Eine prosperierende

Weltwirtschaft, die Zufriedenheit, Freiheit und persönliches Glück an der Höhe ihres Bruttosozialprodukts maß, bot in dieser Wachstumsphase noch genügend Gelegenheiten für den begrenzten Ausstieg, der sich durch Jobs und Gelegenheitsarbeiten, abgepolstert mit Bafög und elterlichen Schecks, mäßig, aber immerhin finanzieren ließ. Außer den Demonstrationen und Provokationen einer aktiven Minderheit verhielt sich der überwiegende Teil der Beatniks und Gammler, wie man sie bei uns nannte, passiv, verhöhnte die Institutionen und den Staat mehr durch ihr Aussehen denn durch wirklich staatserschütternde Konflikte. Die Hauptkampflinie zog sich quer durch die Wohnstuben der Elternhäuser, nicht durch die Betriebe und Fabrikhallen.

Nach der ersten Überraschung stellte sich heraus, daß die Protestbewegung sozialpolitisch weitgehend harmlos war und daß der Kapitalismus im Laufe der Zeit fast alle ehemaligen Aussteiger wieder integrierte. Die Zeit der vielgepriesenen Gegenkultur, die den Beweis für eine antiautoritäre, angstfreie, solidarische und lustbetonte Lebensweise erbringen wollte, dauerte meist nur die fünf bis zehn Jahre des Studiums, bis die Eierschalen der Pubertät endgültig abgeworfen waren. Man arrangierte sich mit dem „System", blieb dem Staat gegenüber jedoch weiterhin „kritisch"; de facto aber wurde er unterstützt. Manche 68er bringen es heute noch fertig, bis in die höchsten staatlichen und politischen Ämter aufzusteigen, ohne die selbstverliebte „oppositionelle" Attitüde aufzugeben.

Der klassenkämpferische Gegensatz zwischen linksliberalem und liberalkonservativem Establishment, der wenig mit Klassenunterschieden und viel mit Lebensstil und Identitätsunterschieden zu tun hat, spaltet die westdeutsche Gesellschaft viel tiefer als etwa die amerikanische oder britische, in denen der Generationskonflikt zeitlich sogar ein wenig früher aufbrach. Die deutsche Linke, immerzu auf der Suche nach einem Keil, um diese Spaltung aufrechtzuerhalten, griff deshalb, wenn auch zögernd, virulente grüne Themen auf, weil sie darin endlich ein materielles, die Gesamtbevölkerung betreffendes Politikum in die Hand bekam.

Sie hatte den Spaltpilz nicht erkannt, den sie sich mit dem Thema Ökologie ins eigene Nest setzte. Denn jedes ökologische Problem ist gleichzeitig auch ein Problem der Freiheit. Wer den Wald schützen will und deshalb Tempo 100 auf den Autobahnen fordert, der schränkt die Freiheit des Schnellfahrens ein. Wer Angst vor der radioaktiven Verseuchung durch Kernkraftwerke hat und ihre Stillegung fordert, muß seinen — und nicht nur seinen — Energieverbrauch drosseln, also auf die Freiheit der Energieverschwendung verzichten. Wer die Luft-, Umwelt- und Naturverschmutzung durch den Tourismus bekämpfen will, der muß den Fremdenverkehr eindämmen, also die Freiheit des Reisens beschneiden. Konsequente Ökopolitik kann auf Freizügigkeitsbeschränkungen nicht verzichten, weil die „harte" Technologie nicht überall durch „sanfte" Technologie ersetzbar ist. Konsequente Ökologiepolitik hat demnach einen asketischen Zug. Gerade aus dem moralischen Pathos der „neuen Bescheidenheit" beziehen die Grünen für weite Kreise der Bevölkerung ihre Glaubwürdigkeit.

Ihrem Wesen nach ist die Ökologie anti-emanzipativ. Sie muß, will sie erfolgreich sein, Freiheiten einschränken, die tief in die persönlichen Lebensverhältnisse der Individuen hineinragen. Und sie muß, will sie gerecht sein, die ordnungsgemäße Einhaltung ihrer Beschränkungen auch überwachen. Dabei wird insbesondere das sozialistische Emanzipationsverständnis unhaltbar, weil Marx, Engels und Lenin und viele andere Begründer des Sozialismus das Reich der zwanglosen Freiheit von der Errichtung des absoluten Überflusses abhängig gemacht hatten. Diese Vision ist jedoch in unerreichbare Ferne gerückt.

Der Spaltpilz Ökologie

Die einzige wirklich neue Frage stellt uns demnach die Ökologie. Zwar wurden Umweltverschmutzung und Naturzerstörung schon vor über 100 Jahren von den kulturkritischen Konservativen beklagt, doch wußte man damals noch nichts von Atombomben, Kernkraftwerken, Smogalarm, Dioxin, Ozonloch und Bevölkerungsexplosion. Ihre damaligen Proteste und Warnungen konnten als reaktionär abgetan werden.
Die Ökologie ist allerdings nicht nur eine Herausforderung an die Wirtschaftswachstumsgesellschaft, sie stellt erst recht deren gesellschaftspolitische Ergänzung, die Kulturrevolution, in Frage. Denn als sich 1968 die antiautoritäre Kulturrevolution anschickte, das Lustprinzip „jetzt und sofort" über die ganze Welt auszudehnen, war von ökologischen Grenzen noch keine Rede. Die Kommune-Sponti-Bewegung wollte die kapitalistische Gesellschaft, als deren Hauptursache sie das Besitz- und Machtdenken identifizierte, subjektiv, durch die innere Überwindung jeglicher Macht- und Herrschaftsgefühle, aufheben, indem sie jede Wunsch- und Bedürfnisbefriedigung tolerierte und eine intensiv-lustbetonte Lebensweise — wenn auch unter gezwungenermaßen einfachen Bedingungen — in autonomen Gruppen zu verwirklichen suchte. Und weil die materiellen Werte in der Wohl-

standsgesellschaft nicht mehr oberste Priorität besaßen, sattelten die Links-Alternativen noch eins drauf und thematisierten ihre psychosozialen Probleme: Kindheitserlebnisse, Erziehungsprobleme, Pubertäts- und Adoleszenzkrisen, Depressionen, Arbeitsmüdigkeit, diffuse Unlust usw. Die klassenlose Gesellschaft ist demnach nicht allein abhängig vom Wirtschaftswachstum, sie wächst als zarte Pflanze zuerst im eigenen Herzen.

Diese privatistische Wendung bedeutet einen gewaltigen Schritt in die Realität, der allerdings mit dem Nachteil verbunden ist, im Ergebnis wirklich überprüfbar zu werden. Die Alternativbewegung setzt sich also gleich zweifach unter Erfolgsdruck: Einmal muß es ihr gelingen, eine herrschaftsfreie radikaldemokratische Kleingruppenstruktur aufzubauen, die sich sichtbar glücklicher fühlt als die angeblich anonyme und konsumvertrottelte „Normalwelt"; zum anderen muß sie, dem Diktat von Freiheit und Emanzipation folgend, dem feindlichen Kapitalismus in allen Punkten der individuellen Freizügigkeit überlegen sein und ihre Mitglieder auch materiell besser, gesünder und reichhaltiger befriedigen. Denn dem alternativen Lustprinzip ist Askese genauso verhaßt wie Arbeitsstreß und Leistungsdruck.

All diese Fragen werden in der Alternativbewegung inzwischen diskutiert. Doch wirft man ihr die Vergötzung des Lustprinzips zu pauschal an den Kopf, dann wendet sie sich unverstanden ab. Mit einiger Berechtigung, denn längst ist die Alternativbewegung entschieden heterogener als es ihre progressiven Interpreten wahrhaben wollen. Trotzdem: Die entscheidende Bruchlinie im weltanschaulichen Selbstverständnis der Alternativbewegung verläuft exakt entlang dem Widerspruch zwischen anarchistisch-libertär verstandenen Freiheits- und Emanzipationswünschen und der wertkonservativen Einsicht, daß die Ökokrise nur durch Abstriche an der freien Entfaltung und am einseitigen Autonomie-Ideal des einzelnen sowie der gemeinsamen Verantwortung für die Bewahrung einer gesunden und lebenswerten Umwelt bewältigt werden kann.

Ein Spiegelbild dieser Zerrissenheit sind die Bundestags-Grünen. Sie stehen in der Spannung zwischen den Forderungen nach universaler Emanzipation und ökologischen Sachzwängen: Schutz des Lebens oder Abtreibung? Forschungsfreiheit oder ethische Beschränkungen? Weniger Staat oder mehr Umweltschutzpolizei? Familie oder „autonomes" Kollektiv? Soziale Grundrente ohne Wirtschaftswachstum? Ausbau staatlicher Leistungen bei Abbau des Leistungsprinzips? Naturschutz und Öffnung der Bundesrepublik als Einwanderungsland? Basisdemokratischer Dilettantismus oder professionelles Krisenmanagement? Arbeitszeitverkürzung oder Beseitigung von Umweltschäden? Dezentralisierung oder mehr staatliche Planung? Lustprinzip oder Ökoaskese?

Die Ökologie wird für die progressive Alternativbewegung zum Bumerang. Bewirft sie das kapitalistische System mit seinen Umweltsünden, dann kehren diese unwillkürlich, in ökologische Zwänge verkleidet, zurück und treffen das emanzipative Lustprinzip ins Mark.

Erst die ökologische Frage hat uns gezeigt, wie eng beieinander die scheinbar so großen Antagonisten Konsumindustrie und Kulturrevolution liegen. Der Hauptvorwurf, den die Konservativen heute gegenüber der Kulturrevolution erheben, ist deren Mitschuld an der schrankenlosen Entfaltung des Lustprinzips, das die Bundesrepublik in eine hedonistisch-narzißtische Atmosphäre hüllte, in der eine Anspruchsgesellschaft gedieh, die vom Staat alles nimmt, ohne selbst etwas geben zu wollen. Das hat dazu geführt, daß nahezu jedes Verhalten mit dem Satz gerechtfertigt werden kann: „Weil ich Lust dazu habe."

Am Anfang waren Kommunarden-Späße

Seitdem die 68er Bewegung selbst in die Jahre kommt, widmet sie ihrer eigenen Geschichte nostalgische Reminiszenzen. Wie hat das alles angefangen, und was ist daraus geworden? Wie war es damals, als die Apo-Happenisten ihre erste deutsche Polit-Kommune nach amerikanischem Vorbild gründeten, als die Flower-Power-Generation ihre Freude an starken Drogen und Gemeinschaftserlebnissen bekundete, als mit Gruppensex-Experimenten den konterrevolutionären Zweierbeziehungen der Kampf angesagt wurde? Wilde Zeiten waren das, als die Teenies aus dem langweiligen Bürger-Mief heraustraten, vor den Augen ihrer kopfschüttelnden Eltern ihren Pop- und Rockidolen hinterherliefen, zäh um längeren Ausgang, mehr Taschengeld, lange Haare, jugendfreie Filme und Easyrider-Romantik kämpften. Eine klar umrissene politische Strategie gab es nicht. Die Kommune I in Berlin proklamierte: „Abschaffung des Privateigentums, Brechung des Leistungsprinzips, Proklamation des Lustprinzips."

Da war für jeden etwas dabei. Das Feindbild stand fest: Der repressive Staat und die autoritäre Familie, Schule, Uni, Bundeswehr, Arbeitgeber, Meister usw., alle wollten sie etwas von „einem". Die „große Verweigerung" (Marcuse) versprach Ruhe von draußen und action im Privaten. Doch eher wie ein diffuses

Licht leuchtete die Hoffnung auf eine rätedemokratische, repressionsfreie Harmonie. Großmäulig und kleinlaut zugleich wußte Studentenführer Rudi Dutschke keine Antwort auf die Frage nach den Zielen: „Ein Dutschke will keine Antwort geben, das wäre genau die manipulative Antwort, die ich nicht zu geben bereit bin; denn was soll es bedeuten, als einzelner Antwort zu geben, wenn die gesamtgesellschaftliche Bewußtlosigkeit bestehenbleibt. Sie muß durchbrochen werden." Der Kommunarde Rainer Langhans faßte sich kürzer: „Ohne Anstrengung gut leben" war seine Lebensmaxime. Der Szene gefällt's, sie übt sich in ulkigen Späßchen und schreckt die Spießbürger. Nicht mehr spaßig wird dann der Terror der RAF sein.

Flippi Langhans ist seiner Zeit voraus. Während seine Freunde auf Revolution machen, tritt er schon die Reise in die Innerlichkeit an. Er will die „extreme Identifikation mit dem Körper, mit der ganzen Schönheit und dem Genießen kennenlernen, von dem ich so wenig mitbekommen habe", meinte Langhans, der heute ein zurückgezogenes Guru-Dasein in München fristet. Doch bis dahin war es noch ein weiter Weg.

Ein nostalgischer Illustrierten-Rückblick, der sich treffend „All die kaputten Träume" betitelt, schildert das Szene-Innenleben der damaligen Politclowns, von deren teils mutigen, teils phantasievollen, teils jämmerlichen und teils abstoßenden Versuchen, „ohne jegliche Triebunterdrückung" zu leben. Die Szene probte die Reinheit: Kollektivisierung und Zerschlagung der Privatverhältnisse, Politisierung des Alltags, Sex total und Popkultur, die Hasch-Rebellen verkünden Widerstand pur, Volksbefreiung und Mao-Bibel, Psychotrips und Sponti-Späße. Alles, was heute noch die Szene umtreibt, war damals schon im Keim angelegt; auch ihre Korrumpierung und ihr Scheitern.

Den Kommune-Alltag beherrschten Eifersüchteleien, Langeweile, seichte Unterhaltung, Konsumorgien, Rauschzustände, denen Koliken folgten; manchmal ging auch einer drauf, wenn die Drogen zu hart waren. Schnell rutschte die Kommune ins halbkriminelle Milieu; nicht nur politisch. Das Geschäft mit Heroin und Rauschgift beginnt zu laufen, die Mädchen werden als Foto- und Aktmodelle angeboten, Pornofilme gedreht. Alles wird zu Geld gemacht. Man war very busy, nur von den Besuchen der Presse unterbrochen, die den Kommunarden das Gefühl gab, die Weltgeschichte anzuführen. Als die Aufmerksamkeit der Medien abnahm, weil sich die Provokationen abgenützt hatten, stürzte die Szene in eine tiefe Sinnkrise. Den Glauben, doch wahre Künstler und Politiker zu sein, gab sie nicht auf. Die Bewegung wird vermarktet. Anarcho Fritz Teufel erpreßte bei einem gleichgesinnten, gut dotierten Fotomodell „seinen" Anteil, sonst knallt's. „Die gehen jetzt schon auf Leute los, die drei Mark mehr in der Tasche haben, statt mal die Großkapitalisten ranzunehmen, über die sie seit Jahren stänkern. Windige Wichser. Ganz lau ist das", befand die Geprellte in ihrer Rückschau. Das Ende kommt, als sich die Kommune wegen unbeglichener Mietzahlungen in die Haare kriegt und gegenseitig „die Fresse poliert". Die Szene wuchert auseinander. Seither wird das Ganze immer wieder neu aufgekocht — einschließlich des Ashram-Betkränzchens der spirituellen Sinnsucher.

Der kurze Atem der Alternativbewegung

In der Szene wird mittlerweile die eigene Vergangenheit bewältigt. Aus eigener Erfahrung wissen die Alternativen, wie eng Lust und Frust beieinanderliegen. Der Ex-Sponti Matthias Horx sieht gar „das Ende der Alternativen“ gekommen. In einer aufrichtigen Bilanz liefert er einen Rechenschaftsbericht seiner eigenen Szene-Vergangenheit: „Die Alternativbewegung hat das Leben (nicht nur) in der Bundesrepublik beeinflußt wie keine andere Bewegung zuvor. Sie hat sich dabei permanent selbst überfordert, in der Wohngemeinschaft, in der ‚Beziehung‘, bei der Alternativ-Presse, in den Arbeitskollektiven und bei den Grünen.“ Das alternative Schiff befindet sich in permanenter Seenot. Horx behauptet, „daß die meisten alternativen Träume an ihrer Realisierung gescheitert sind. Daß wir viele unserer Utopien tatsächlich verwirklicht haben — und daß sie sich gerade dadurch als unbrauchbar, unerträglich, manchmal sogar als unmenschlich erwiesen haben.“

Der Mensch hat sich auch durch die neue Sponti-Innerlichkeit nicht verändert. Es gibt keine Patentlösungen für alle Lebensfragen, keine Fahrstühle in die Glückseligkeit, in denen man nur auf den Knopf für den 7. Himmel zu drücken braucht. Die Alternativbewegung ist heute an einem Punkt angelangt, wo sie sich fragen muß, warum ihre so ehrlich gemeinten Weltverbesserungsversuche so kläglich scheiterten, gemessen an ihrem Anspruch. Nicht, daß die Wohngemeinschaft der totale Horror wäre, aber für das „richtige“ Leben in der „falschen“ Kultur läuft doch ziemlich viel schief: „Gerade eine Kultur, die auf Zuneigung und Solidarität, auf Gefühl und Sorgfalt miteinander gesetzt hat, verschleißt anscheinend ihre Protagonisten. Sie ‚konsumiert‘ die positiven Aspekte des Gegenübers, seine spannenden Seiten und inneren Verwandtschaften nutzt sie für Euphorien der Gruppenidentität — um sie fallenzulassen, wenn es ein bißchen schwierig wird" (Horx). Der Dramaturgie der „alten" Bedürfnisse nach Privatheit, Ungestörtheit, Nicht-Kollektivität, Freundschaft, nach Abstand, nach Nähe und Distanz, nach Drinnen und Draußen, nach Mein und Dein, nach eigen und fremd konnte sie sich im Grunde nie entziehen.

Genaugenommen ist die radikale Verweigerung gegenüber dem „System" eine Form der Selbstprivilegierung: das Selbstverständnis als Avantgarde einer neuen Gesellschaft. Die Verweigerung gegenüber den „Herrschenden" ist, gelinde gesagt, ein frommer Selbstbetrug. Denn die roten Fäden der autonomen Basisgruppen reichen weit in die etablierte Kulturindustrie (Medien, Verlage, Schulen, Unis, Sozialbürokratie usw.) hinein, und man weiß nicht, wer hier wen im Netz gefangenhält. Die Ohnmacht, die viele beklagen und die sich in manchen Gewaltausbrüchen der Spontiszene entlädt, entlarvt den dahinterstehenden Machtwillen, die Verhältnisse nach eigenem Gutdünken zu verändern.

Die breite Emotionalität, auf der die Szene daherrauscht und ihr Recht auf freies Ausleben von Gefühlen, von Lust, von extremem Individualismus und Voluntarismus artikuliert, bedeutet im Grunde den Rückzug der Spontis ins Private; in ihren Worten: die „Reise nach Tunix". Dort lassen sie ihre Sprüche ab, polemisieren gegen die „freizeitliche, demagogische Grundordnung", bestärken sich in ihren angstvollen Betroffenheiten, erleben das Gemeinschaftsgefühl, das alle, vom Anti-AKWler über Instandbesetzer, Feministinnen, Chaoten und Punks bis zu Hippies, Gammlern, Stadtindianern, Schwulen und Lesben usw. gerade für ein paar Tage zusammenhält: „Uns treibt nicht mehr der Hunger nach Essen, uns treibt der Hunger nach Freiheit, Liebe, Zärtlichkeit, nach anderen Arbeits- und Verkehrsformen." Dennoch: Der Frust ist groß.

Die Selbstverwirklichungswünsche der Szene sollten natürlich auch im Produktionsbereich in Erfüllung gehen. Die Aufhebung der Trennung zwischen Arbeit und Freizeit, die Beseitigung der Entfremdung, sollte in den Alternativprojekten verwirklicht werden. Jeder, der arbeitet, sollte dies lustvoll tun und sich selbst kontrollieren können. Schluß mit der Trennung zwischen Hand- und Kopfarbeit! Keine Hierarchien mehr. Lust statt Leistung. Kooperation statt Konkurrenz. Nur noch Häuptlinge, keine Indianer. Obwohl der Idealismus und der Einsatz der Beteiligten gewaltig sind, erleiden die meisten Alternativprojekte schon recht bald Schiffbruch. Und das, obwohl sie zu 60 Prozent am Tropf einer Subventionskasse hängen. Der Hund liegt dort begraben, wo die Kollektivisten die Befreiung vermuten: Das Kollektiv läßt im Namen von Autonomie und Gemeinsamkeit keine Autonomie zu. Es vereinnahmt den ganzen Menschen, der sich aus dieser schier tödlichen Umarmung nur bei Strafe moralischer Exkommunikation befreien kann. Das Kompetenzgerangel und die Machthierarchien innerhalb der Gruppen dürfen sich nicht offen äußern. Das erzeugt unterschwellige Konflikte, die schließlich aufbrechen. Außerdem funktioniert diese Form des perfekt organisierten Dilettantismus ohnehin nur in überschaubaren Größen. Deshalb überleben die Selbstverwaltungsprojekte mehr schlecht als recht nur in jenen Nischen, die von der „Megamaschine" noch nicht entdeckt worden sind.

Traurig, aber wahr (und uralt) ist die Erkenntnis: Hierarchische Organisationsformen sind praktisch. Sie reflektieren die Ungleichheit der Menschen (die Geldunterschiede, aber auch die Begabungs- und Leistungsunterschiede). Machtstrukturen kommen auch dem Bedürfnis des einzelnen nach Entlastung entgegen, sie berühren einen „Aspekt der Faulheit", wie Horx sein Plädoyer für mehr Professionalität den lustbetonten Alternativlis schmackhaft zu machen versucht. Ironie am Rande: Ausgerechnet die Entwicklung der neuen Reproduktionstechnologien im Printbereich machte es der Alternativbewegung möglich, die einzig halbwegs erfolgreichen Projekte, ihre Stadtmagazine, herauszugeben, die jetzt gegen den technischen Fortschritt anschreiben.

Meilenweit entfernt hat sich die Alternativbewegung von der ursprünglichen „reinen Lehre", in der diskriminierungsfreien Gruppenehe vollende sich jedermanns Liebesglück. Rauschhafte Leidenschaften, Verführungskünste, romantische Liebesphantasien streben statt dessen heute nach der reinen Liebe zu zweit. „Hinter der Fassade der aufgeklärten Beziehungsrationalismen, der Verherrlichung der Autonomie ist unaufhörlich ein geradezu monströses Wunschbild von der Superfrau und dem Idealmann gewachsen", schreibt Horx. Die Logik der „Beziehungskisten" überschlug sich ins Paradoxe: „Der autonome Mensch darf keine Schwächen, keine regressiven Bedürfnisse (etwa die nach Treue oder Sicherheit) mehr haben, er wäre dann ja nicht mehr autonom." Die Alternativen sind eben auch nur Menschen: Sie können der Dialektik von Intimität und Autonomie nicht entgehen. Sehnsucht nach Bindung und Sehnsucht nach Abenteuer, diese zwei Seelen wohnen, ach!, in jeder Brust. Ein Teil der Frauenbewegung orientiert sich gegenwärtig auf Neue Mütterlichkeit und Neue Weiblichkeit um und entdeckt die natürlichen Unterschiede von Mann und Frau wieder, worauf die Alt-Emanzen ganz hysterisch reagieren.

Der locker-flockige Zynismus der Grün-Alternativen

Leider macht die um sich greifende Ernüchterung in der Alternativszene weniger einer konservativen Besinnung Platz, was mit der Arbeit verbunden wäre, sich Gedanken über den konstruktiven Aufbau von Beziehungsbedingungen einer Gesellschaft zu machen. Solche nach Tugendkatalogen und Konventionen riechenden Ansinnen scheuen ausgebuffte Szenefreaks wie der Teufel das Weihwasser. Statt dessen macht sich ein mittlerweile typischer locker-flockiger Zynismus breit. Die Zeit der Softies, verrät ein Szeneratgeber, ist passé. Der alternative Chauvi unterscheidet sich vom herkömmlichen nur durch seine Zielgruppe: die alternativen Frauen. Diese haben festgestellt, „daß sie im Grunde auf den gleichen Scheiß abfahren wie ihre Omas, nämlich auf smarte Macker mit souveräner Ausstrahlung“ (Ansgar Kraiker). Es hagelt Tips, wie man(n) mit vagem und diffusem Gelaber, szeneangepaßter Eigenpräsentation und lustig-zynischer Selbstinszenierung listig ans Ziel kommt: „Hintergründig, sarkastisch lächeln ist das Ideal! Es läßt die Schmerzen deiner unbekannten Vergangenheit ahnen, die zu lindern ihr sehnlichster Wunsch sein wird.“ Der selbstironische Ton dieser amüsanten Satire vermag die zynische Grundmelodie nicht zu verbergen.

Bewußte Übertreibungen und überzogene Selbstdarstellung kennzeichnen auch den Kontakt-Anzeigenteil der Alternativpresse. Ein Szenebeobachter beschreibt das so: „Die wollen möglichst viel Spruch, möglichst viel Sicherheit und möglichst viel Stärke. Leute, die annoncieren, wie dreckig es ihnen ginge, erzielen weniger Resonanz. Die Angst, von einem anderen Pro-

blemfall in der eigenen Schwäche noch weiter herabgezogen zu werden, hat auch in Alternativkreisen ein ausreichendes Abschreckungspotential." Depressive Resignation — trotz oder wegen des Lustprinzips?
Die Alternativen planschen in einem Wechselbad aus Resignation und Gesinnungsfestigkeit, und dementsprechend schwanken ihre Stimmung, ihr Engagement und ihr Protest. Die Kulturindustrie stampfte eine Gesinnungsszene aus dem gutgedüngten Boden der Wohlstandsgesellschaft. Trotz innerer Heterogenität haben alle sogenannten Subkulturen gewisse Gemeinsamkeiten, die mit dem im Zuge der Kulturrevolution entstandenen „neuen Sozialisationstypus" zu tun haben. Die Subkultur folgt quasi instinktiv anarchischen Impulsen. Joseph Huber, der die Alternativbewegung mit kritischer Sympathie beschrieben hat, nannte ihr Vorgehen spontaneistisch, nicht langatmig organisiert. Es ist emotional, nicht immer gerade rational durchkalkuliert; es ist eher bauernschlau als planvoll strategisch; und es folgt subkulturellen Lustprinzipien und nicht dem, was den „Etablierten" als Realität gilt. Der neue Sozialisationstypus stünde im Gegensatz zum „analen Macker", schreibt Huber. Er sei ein „oraler Flippi", der seine Bedürfnisse nicht aufschieben könne, sondern immer gleich alles hier und jetzt erleben wolle. Ausgestattet mit wenig Frustrationstoleranz, ohne ausreichenden Leistungs- und Durchhaltewillen, treten die soften Flippis statt dessen der Welt in einer kindlichen Baby-Haltung entgegen. Huber sieht richtig, daß diese „neue Gattung von senilen Riesenbabys" keineswegs allein in der alternativen Subkultur heimisch wird, sie bezeichnet eher eine „allgemeine Tendenz in den sozialstaatlich geprägten Freizeit- und Konsumgesellschaften".

Eine großangelegte Studie der Hamburger Illustrierten „Tempo“ über die grün-alternativen Wähler ergab, daß diese ein Ergebnis der massiven Bildungsreformen der siebziger Jahre sind. Am „grünsten“ wählen die Studenten der hoffnungslosesten Fachbereiche – Pädagogik und Soziologie. Diese verfehlte Bildungspolitik lockte viele auf Wege, die nicht ihren Begabungen entsprachen und zudem auf dem Arbeitsmarkt, also beim bezahlenden Kunden, geringes Interesse hervorriefen. Sie beförderte das fundamentalistische Denken, das sich dann, von den Think-tanks der Sinnproduzenten programmiert, in Formen der Dezentralisierung und Basisdemokratie ein Korsett zu geben versuchte. Weltbilder, Ideologien und konkrete Utopien werden von ihnen tausendfach hinterfragt und ebensooft wieder geboren. Nicht weil man den Durchblick hat, sondern weil er fehlt, speisen sich die Hauptimpulse der Identitätssuche aus Resten einer linken Antihaltung und aus der Kultur der Verweigerung.
Viel Idealismus wird hier vergeudet, was tragisch ist, weil er vergeudet wird, und was sympathisch ist, weil er überhaupt vorhanden ist. Aber die kulturelle Hegemonie der Sinnproduzenten sorgt dafür, daß die idealistischen Energien sich in destruktiver Progressivität bis zur endgültigen Ernüchterung verausgaben. Die erbaulichen Harmoniebedürfnisse mit Gott, der Natur und der Welt erzeugen den ästhetisierenden Romantiker. Hinter der Kulisse der Wirklichkeit sucht er nach dem „Wahren“, Authentischen. Er ist Gesinnungsethiker, und das heißt heute, er verweiblicht die Politik und vermoralisiert sie, was keinesfalls dasselbe sein muß. Den Zusammenhang zwischen humanitär-masseneudämonistischer Gesinnungsmoral und Weiblichkeit hat Arnold Gehlen bereits 1969 in seinem Buch „Moral und Hypermoral“ beschrieben: „Der Pazifis-

mus, der Hang zur Sicherheit und zum Komfort, das unmittelbare Interesse am mitfühlbaren Detail, die Staatswurstigkeit, die Bereitschaft zur Hinnahme und acceptance der Dinge und Menschen, wie es so kommt — das sind Qualitäten, die ihren ursprünglichen und legitimen Ort im Schoße der Familie haben und in denen folglich der Feminismus seine starke Farbe dazutut, denn die Frau trägt instinktiv in alle Wertungen die Interessen der Kinder hinein, die Sorge für Nestwärme, für verringertes Risiko und Wohlstand. Ihr Leben geht vor Bedingungen zu einer endlosen Erweiterung des Humanitarismus und Eudämonismus, wenn die Gegengewichte, die im Staatsethos liegen, kompromittiert, verboten oder verfault sind."
Gehlens Prognose wird eindrucksvoll bestätigt von der obengenannten Studie über die Grün-Alternativen. Die „grünen Mütter", wie sie dort genannt werden, obwohl der Anteil der Ledigen 51 Prozent beträgt und ihre Kinderfreundlichkeit demnach nur verbal besteht, die „grünen Mütter" also sind die „wertkonservativsten" Wählerinnen. Sie stehen auf Treue, Familie und Biokost, leben meist im eigenen Haus in großstädtischer Randlage und haben zumeist einen gutverdienenden Mann. Die „braven" grünen Frauen plädieren konsequent für Entwicklungshilfe, Tierschutz, Sicherheit und Ehe. Sie denken sozialistisch, worunter eine unreflektierte Form harmonischen Großfamilienlebens gemeint sein dürfte. Radikale politische Forderungen interessieren sie weniger. Die Studie einer Frauenzeitschrift hat ergeben, daß insbesondere Frauen zwischen 18 und 29 Jahren sich neuerdings dem Aberglauben und dem Übersinnlichen zuwenden: „Niemand ist so sicher wie sie, daß es Wunder gibt, niemand ist so überzeugt, daß an Astrologie, Wahrsagen und Kartenlegen etwas Wahres dran ist."

Die Frauen, früher die treuesten Dienerinnen der Amtskirche, heute die treuesten Gläubigen des New Age! Sie sind auch besonders anfällig für Endzeitstimmungen, Depressionen, Ängste und technikfeindliche Ressentiments. Schönredner dieser angeblichen „Wendezeit“, wie Fritjof Capra, orakeln von einem „widerwilligen, jedoch unvermeidlichen Verfall des Patriarchats ... Die feministische Bewegung ist eine der stärksten kulturellen Zeitströmungen und wird sich tiefgreifend auf unsere weitere Evolution auswirken.“ Diese neuen Prediger übersehen, daß Vermoralisierung der Politik gerade nicht entpolitisierend wirkt; sie beendet höchstens politisches Denken. Das populistische Element in der Politik wird im Gegenteil stärker werden, nicht zuletzt deshalb, weil die Medien alle Dimensionen des Politischen auf die Wohnzimmergröße der Kleinfamilie reduzieren. Um so lauter wird dann der Ruf nach dem Übervater oder Guru. Gemeinsam ist den Grün-Alternativen ihr Mißtrauen gegen die Herrschenden. Der ästhetisierende Romantiker fühlt sich von der Wirklichkeit betrogen, ein Zeichen seiner tiefsitzenden inneren Verunsicherung. Der militärisch-industrielle Komplex, die Bosse und Bonzen, das in Wirklichkeit hochkomplizierte politische Koordinatensystem werden zu einem verschwörungstheoretisch angereicherten Brei zusammengerührt, gegenüber dem der anständige Grüne aufrichtige Abscheu empfindet. Diese Haltung gewährt ihm Dispens von seinen eigenen Inkonsequenzen: Schließlich sind es ja die Bosse, die die Umwelt ruinieren und die Dritte Welt ausbeuten.

Sobald aus Anschauungen Forderungen, aus Moralvorstellungen Taten werden sollen, offenbart sich nämlich die merkwürdige Schizophrenie dieses neuen Sozialisationstypus. Die Grünenstudie bringt es an den Tag: Moralisch-asketischer Anspruch kontrastriert mit alltäglichem Lustprinzip. Den Begriff Erfolg mögen satte 80 Prozent — aber die dazugehörige Karriere findet nicht einmal die Hälfte gut. Luxus verabscheut der Grün-Wähler, bei Champagner aber greift er gerne zu. Knapp 70 Prozent sehen die Zukunft unseres Planeten düster, aber ihre persönliche Zukunft wird von 75 Prozent eher optimistisch eingeschätzt. Er befürwortet vehement die Einführung des Katalysatorautos und liebt persönliche Opferbereitschaft für den Umweltschutz, aber nur magere 9 Prozent der Grün-Wähler fahren schadstoffarme Autos. Die „alternativ-biedere" Wunschliste folgt einem munteren Idealismus-Konsumismus-Takt: Am meisten Geld will der Grüni in Zukunft für „Greenpeace" ausgeben, gefolgt von „exklusiven Fernreisen". Auf Platz drei wieder eine Moralinstitution: Entwicklungshilfe, gleich danach die Konsum-Variante: gute Restaurants. Hinter Tierschutz und AIDS-Hilfe rangiert dann wieder: exklusive Kleidung. Der Grün-Wähler würde am liebsten auf einer einsamen Südseeinsel leben, die Landkommune in der Toskana oder der Bauernhof sind passé. Ist es nicht gerade dieser sprunghafte Opportunismus und Moralismus, der die Grün-Alternativen anfällig für eine populistische Politik aus Libertinage und Dirigismus macht?

Lust minus Unlust gleich Frust

Was führt zu dieser „alternativen" Form des Zynismus? Weshalb ist das Lustprinzip als Lebensziel völlig ungeeignet?
Der Verhaltensforscher Konrad Lorenz hat in seinem berühmt gewordenen Buch „Die acht Todsünden der

zivilisierten Menschheit" jenen physiologischen Mechanismus beschrieben, nach dem sowohl Lustmaximierung als auch höchstmögliche Unlustvermeidung zwangsläufig zu Langeweile und Frustration führen müssen. Die Ursachen für den „Wärmetod des Gefühls" und den „Schwund aller starken Gefühle und Affekte durch Verweichlichung", die Lorenz in einer zunehmenden „Intoleranz gegen alles im geringsten Unlust Erregende" erkannte, fielen bei der Diskussion seines Buches weitgehend unter den Tisch, vielleicht, weil es vielen bei seiner Diagnose, daß echte Freude „nur durch herbe Anstrengung beim Überwinden von Hindernissen gewonnen werden kann", ungemütlich wurde. Mehr Aufmerksamkeit erlangten seine nicht minder wichtigen Warnungen vor der Überbevölkerung, der Verwüstung des Lebensraums und der Aufrüstung mit Kernwaffen.

Lorenz erklärte das angeborene Lust-Unlust-Prinzip ökologisch: Die Zeiten, in denen diese angeborenen Programmierungen entstanden, waren hart gewesen, gefährlich und entbehrungsreich. War den Steinzeitjägern endlich einmal die Beute in die Falle gegangen, dann war es das klügste, zu völlern und sich den Bauch vollzuschlagen. Umgekehrt tat man in den Ruhepausen gut daran, faul und träge zu sein, um nicht mehr Energie zu verausgaben als unbedingt erforderlich und die Kräfte für die nächsten Härten des Daseins aufzusparen.

Der angeborene Lust-Unlust-Mechanismus war damals durchaus adaptiv, weil er half, „allen vermeidbaren Gefahren und Energie-Ausgaben tunlichst aus dem Weg zu gehen" (Lorenz). Unter den heutigen Zivilisationsbedingungen bringt derselbe Mechanismus jedoch selbstzerstörerische Fehlleistungen hervor. Schon alten Hochkulturen war bekannt, daß die Vermeidung unlustbringender Reizsituationen zur Verweichlichung führt. „Die Entwicklung der modernen Technologie und vor allem der Pharmakologie", schreibt Lorenz, „leistet nun dem allgemein-menschlichen Streben nach Unlustvermeidung in nie vorher dagewesenem Maße Vorschub." Komfort, Konsumindustrie und Vergnügungskultur bewirkten beim modernen Menschen sowohl eine zunehmende Sensitivierung gegenüber allen unlustauslösenden Reizsituationen als auch die Abstumpfung gegen alle lustauslösenden Reize. „Die wachsende Intoleranz gegen Unlust – im Verein mit der verringerten Anziehungskraft der Lust – führt dazu, daß die Menschen die Fähigkeit verlieren, saure Arbeit in solche Unternehmen zu investieren, die erst in der späteren Folge einen Lustgewinn versprechen. Daraus resultiert ein ungeduldiges Verlangen nach sofortiger Befriedigung aller aufkeimenden Wünsche." Das gilt auch für die Sexualität: „Mit dem Verlust der Fähigkeit, ein weitgestecktes Ziel zu verfolgen, schwinden alle feiner differenzierten Verhaltensweisen der Werbung und der Paarbildung, sowohl die instinktmäßigen wie die kulturell programmierten ... Das resultierende Verhalten, nämlich die in so vielen heutigen Filmen verherrlichte und zur Norm erhobene Sofortbegattung als ‚tierisch' zu bezeichnen, wäre irreführend, da ihresgleichen bei höheren Tieren nur ganz ausnahmsweise vorkommt, ‚viehisch' wäre etwas besser, wenn man unter ‚Vieh' Haustiere versteht, denen der Mensch im Interesse leichterer Züchtbarkeit alle höher differenzierten Verhaltensweisen der Paarbildung ‚weggezüchtet' hat."

Die Instant-Food- und Instant-Sex-Gesellschaft planiert die naturgewollten Höhen und Tiefen des menschlichen Lebens in eine künstliche Ebene tödlicher Langeweile. Die Sponti-Haltung „Wir wollen alles, und zwar sofort" ist ein Reflex unserer Sofortbefriedigungs-Gesellschaft, die allem Leiden, jeder Bewährung und jedem Risiko ausweicht. Sie hat dabei natürlich gute Argumente hinter sich, denn tatsächlich erscheint es widersinnig, künstlich das Leiden und das Risiko zu erhöhen, für deren Abschaffung die Menschheit all ihren Geist und technischen Verstand eingesetzt hat. Wie wollte man auch künstliche Herausforderungen und Risiken „gerecht" über die Bevölkerung verteilen? Ein privater Ausweg wäre die freiwillige Askese, die Enthaltsamkeit nun nicht transzendental, sondern innerweltlich als vernünftiger Umweg zum Glück begründet.

Ein widerstandsfreies Leben gibt es nicht. Alle Vermeidungsstrategien betreiben einen unerhörten Aufwand, um alle möglichen risikoträchtigen oder gar unlustverursachenden Situationen vorherzusehen und abzusichern. Wir bräuchten Bewährungsstrategien. Doch gehören diese Übungen nicht in den Bereich des Privaten? Wir würden uns alle schön bedanken, wenn der Staat plötzlich obligatorische Fasttage verordnete, nur damit uns unser Schnitzel nachher um so besser schmeckt. Nicht einmal im Schul- und Erziehungswesen ließen sich heute derartige Formen der Bewährungsprüfung und Selbstdisziplinierung einführen, wo doch eine praxisferne Pädagogik eifrig bemüht ist, selbst die verbliebenen Beurteilungskriterien für Kompetenz und Qualifikation abzuschaffen. Die Forderung nach einer „asketischen Weltkultur" (C. F. v. Weizsäcker) widerspräche auch ganz dem bürgerlich-progressiven Politikverständnis, wonach es dessen Ziel sein müsse, „das größtmögliche Glück der größtmöglichen Zahl" (Jeremy Bentham) anzustreben.

In seinem Glückmaximierungsbestreben ist der Liberalismus sehr schnell vom Sozialismus überboten wor-

den, der die Zahl der Anspruchsberechtigten folgerichtig auf alle Menschen ausdehnte. Denn nur in einer Überflußgesellschaft, so die Überlegung, würden sich dann alle Emanzipations- und Freiheitsforderungen in Wohlgefallen verwirklichen lassen.
Die rationale Einsicht in den angeborenen Lust-Unlust-Mechanismus müßte uns eigentlich nahelegen, die qualitative Verbesserung unseres Glücksgefühls nicht durch quantitativen Überfluß, sondern durch Formen des Genußverzichts zu erreichen. Politisch ist eine solche Askesehaltung in einer Wohlfahrtsgesellschaft jedoch nicht durchsetzbar. Sofort wären Demagogen zur Stelle, die den Vorwurf erhöben, man wolle wohlerworbene Freiheitsrechte einschränken oder mißgönne dem Volk sein Recht auf Luxus, Lust und Genuß. „Stabilität durch Wachstum", hieß es schon in den 60er Jahren, und lieber erduldet die bürgerliche Gesellschaft sinnlose, langweilige und ressourcenraubende Konsumrituale, als daß sie den Fetisch der sogenannten „individuellen Freiheit" antastet. Höchst ungern verläßt der Bürger die behagliche Wärme des Privaten, um in der kühlen Luft des Politischen Entscheidungen zu treffen. Schon Hegel hat den Bourgeois als einen Menschen beschrieben, der die unpolitisch-risikolose Sphäre des Privaten nicht verlassen möchte und der den Einsatz für seine politische Nullität in den Früchten des Friedens und des Erwerbs und in erster Linie „in der vollkommenen Sicherheit des Genusses derselben findet". Dem entspricht die heutige Lebensart bürgerlicher Kreise, sich über den Konsumterror zu mokieren, beim Prestigewettlauf aber fleißig mitzuspringen; die Energieverschwendung anzuprangern, den Haushalt jedoch vollautomatisch einzurichten; heute die Umweltverschmutzung zu beklagen und morgen mit der exklusiven (spritverzehrenden) Concorde-

Flugreise zu prahlen; eine großzügige Asylpolitik zu wünschen, davon aber in der eigenen Straße verschont bleiben zu wollen; Ruhe und Ordnung zu schätzen, polizeiliche Maßnahmen jedoch zu beargwöhnen.
Die Scheu vor unpopulären Maßnahmen verhindert eine konsequente Ökologiepolitik. Je emanzipativer Parteien sind, desto schwerer tun sie sich damit.

Lust auf Sofort-Befriedigung

Die Abstumpfung gegenüber Reizüberflutungen und die Intoleranz gegenüber jeglicher Unlust bewirken eine Verflachung des Gefühls, die sich in infantilem Verhalten ausdrückt. „Ungeduldige Forderung nach sofortiger Triebbefriedigung, Mangel jeglicher Verantwortlichkeit und jeglicher Rücksichtnahme auf die Gefühle anderer sind für kleine Kinder typisch und bei ihnen völlig verzeihlich. Geduldiges Hinarbeiten auf ferne Ziele, Verantwortung des eigenen Tuns und Rücksichtnahme auch auf Fernerstehende sind Verhaltensnormen, die für den reifen Menschen kennzeichnend sind", schreibt Konrad Lorenz.
Nach Konrad Lorenz ist diese „unreflektierte Infantilität" von einer „parasitären" Doppelmoral gekennzeichnet, die sich längst nicht nur auf die Jugendlichen erstreckt, sondern weit in die Erwachsenenwelt hineinreicht. Dieser Sozialtypus erwartet wie selbstverständlich, die Fürsorge des Sozialstaats oder der Erwachsenenwelt weiter zu genießen, die nur dem Kinde zusteht. Ungeachtet aller Systemfeindlichkeit findet er nichts dabei, von dieser Gesellschaft und diesen Eltern erhalten zu werden.
Soziologen nennen diesen Vorgang etwas charmanter „Postadoleszenz-Theorie". Nach ihr verschiebt sich

das Alter, in dem Jugendliche tradierte Rollen übernehmen und ins Berufs- und Familienleben einsteigen, immer weiter nach oben. Die gesamte Erwachsenenwelt wird durch die Jugendkultur, manche sagen: den Jugendkult, entscheidend geprägt. Die Autorität der Eltern läßt nach, eben weil ihr Ziel, daß es den Kindern „einmal besser geht", erreicht wurde.

Reichtum und Mode hängen zusammen, und Mode lebt vom Mut der Jugend, von ihrem Veränderungswillen. So wird Jugend zur Speerspitze des modischen Wandels — an der losen Leine der Produktindustrie; und zur Speerspitze politischer Schwärmerei — an der roten Leine der Kulturindustrie. Sei es der ewige politische Revolutionär, der ja auch deutlich pubertäre Züge trägt, sei es die krampfhaft auf Jugend getrimmte Konsumkultur: die innovative Frische und Spannkraft der Jugendlichkeit wird weitgehend kanalisiert. Forever young. Im Laufstall dieser seltsamen Einheitsgesellschaft bewegen sich altkluge Kinder, Langzeit-Jugendliche und infantile Erwachsene. Deren Umgangsformen wurden von Erich E. Geißler kritisiert: „Das pubertär Ungelenke, das betont Unhöfliche, anrempelnd Laute wird vom Erwachsenen mehr und mehr imitiert."

Die Verkindlichung der Kultur manifestiert sich in einem allgemeinen Spieltrieb, der gegenseitige Unbedenklichkeit attestiert und von der Spielwarenindustrie und Plüschtierproduktion — trotz rapide sinkender Kinderzahlen — profitieren; sie bekundet sich in der kindertypischen Sprunghaftigkeit der Interessen, in der Modehörigkeit, in der Ideologie der Unfertigkeit, im Wunsch, sich die Chance eines ständigen Neubeginns offenzuhalten, in der Standpunktschwäche und Orientierungslosigkeit, in der Immer-auf-dem-Sprung-Haltung der Kneipenschwärmer, in der emanzipativen Schwebelage zwischen Möglichkeit und Wirklichkeit – die letztlich in der spießerhaften Provinzialität endet, wo man sich allem verschließt, was über die momentane innere Befindlichkeit hinausragt und auf ein größeres Ganzes verweisen könnte. Nicht gewußt wie, tut man so als ob. „Wo immer es geht", beschreibt Bernd Guggenberger die androgynen Zwitter aus Halb-Kind Halb-Erwachsener, „sabotieren wir den Zwang zur Eindeutigkeit – in der Liebe, im Kino, im Geschmack. Wir wollen die Dinge in der Schwebe halten – total abgeklärt und ohne Bock auf Illusionen, doch mit Lust auf Erfolg. Klammern wir uns deshalb an die kleinen Fluchten, weil wir ahnen, daß uns die große nicht gelingen wird?"

Die Kulturindustrie schuf den Typus des jugendlich-coolen Sunnyboys à la James Bond und löste damit auch bei älteren Semestern das verunsichernde Gefühl aus, ihre Grundeinstellungen mit jugendlichen Rollenklischees abstimmen zu müssen. Hinzu kommt die innere Dynamik der modernen Industriegesellschaft, welche die alten Funktionen der Familie noch weiter abbaute. Gemeinsam drängt dies die gesamte Kultur in eine merkwürdig postpubertäre Stimmungslage. Ein Gutteil der Erwachsenen, allen voran die Lehrer, verzichtet darauf, wohl weil selbst ahnungslos, der Jugend ein Vorbild zu geben oder ihr sinnvolle Leitbilder anzubieten. Diejenigen, die sich „engagiert" geben, nehmen die „gute" Absicht für die Tat und meinen, es sei „kritisch", alles auf einmal – und zwar sofort – zu fordern, statt – wirklich radikal – die eigene Gesinnung zu verkörpern. Rechts leben, links reden.

Dieses Zeitalter hat die Physiognomie eines löckchenumrahmten Babyface, die Figur molliger Gänschen, die Geisteshaltung harmloser Krimi-Leser, die Weltläufigkeit eines amerikanischen Spielfilms, den Tiefsinn eines toleranten Saunabesitzers und den Zusammenhalt einer Sardinenbüchse. Jugendkultur ist zur Suprakultur geworden. „Das System sorgt dafür, daß die Teilnahmebedingungen erfüllt werden können. Ein Toupé gibt es von der Krankenkasse, potenzsteigernde Mittel auch, und für die Anpassung im Geiste ist das Fernsehen da" (Ludolf Herrmann).

Diese Gesellschaft benimmt sich, als ob sie täglich Ausgang hätte. Im rosaroten Jogginganzug und auf samtenen Turnschuhpfoten trabt sie abwechslungsuchend durch die Einkaufspassagen, findet Einlaß in eine bunte Freizeitwelt, die für viele nicht der Entspannung dient, sondern zum eigentlichen Sinn wird. Auf diesem Spielbrett rückt eine hedonistische Gemeinde von Feld zu Feld weiter, zieht Ereigniskarten, rückt fünf Felder vor in den Ferienclub, wo die schönsten Plätze der Erde locken, wo die Natur noch heil ist, wo unbeschwerte Lebensfreude Triumphe feiert, wo aus Träumen Wirklichkeit werden soll; gehuldigt wird neuen Körpererfahrungen wie Sauna, Massage, Badethermen, Bodybuilding usw., gefrönt wird dem Rauschgefühl beim Durchtreten des Gaspedals eines Heckspoiler-Boliden, und gedürstet wird nach dem Saturday-night-Fieber im Discobunker, den die Boutique-Junkies als dröhnenden Laufsteg benutzen, um sich ein bißchen existentielle Anerkennung zu holen. Das Reizstakkato der Disco-Freizeit-Konsumwelt befriedigt diejenigen, die ihm verfallen, in Wahrheit nur peripher, es schreibt die Erwartungshaltung in Ewigkeit fest und garantiert die weitere emotionale Abhängigkeit der nie Erwachsenen. Die „fun morality" der modernen Freizeitkultur verheißt die endgültige Befreiung des Menschen zu sich selbst, sie suggeriert, daß Selbstverwirklichung und Lebensqualität nur durch ständige Entgrenzung zu haben sind, durch die Jagd nach neuen Sensationen, Spektakeln, Lüsten, Reizen und Erlebniswelten. Die neuen Hüter der Gewissen predigen: Hier stehe ich, ich kann auch anders. Die professionellen neuen Seelsorger, die Animateure, Ganzheitstherapeuten und Kommunikationstechniker sind bemüht, das Ausgefallene zu standardisieren, die Welt nach dem Muster trivialer Banalität selig zu machen.

Die zeitlose Definition von Kultur bestimmt diese als einen mehr oder weniger einheitlich durchgebildeten Stil in allen Lebensäußerungen eines Volkes. Die bürgerliche Kultur verstand sich als eine Anstalt zur Veredlung des Menschen, zur Formung seines Geistes und Entwicklung seiner Anlagen. Kultiviert sein bedeutete ihr, einen zugleich selbstbewußten und selbstbeherrschten Menschen vor sich zu haben, der über feste Maßstäbe zur eigenen Lebensführung verfügt. Indem ein „schlechter" Humanismus die Welt nur begreifen wollte, um sich dann aus ihr davonzustehlen und schließlich zu erstarren, begab er sich seines Inhalts. Im Namen technischer Funktionalität, Wertfreiheit und Lustprinzip ist in den 60er Jahren mit diesem bürgerlichen Muff endgültig gebrochen worden. Die emanzipative Durchforstung wirkte erfrischend, doch als sie zum Kahlschlag verkam, bemerkte man, daß sie nur die Leere der Banalität hinterließ.

Die jungen Aufsteiger oder das neue Selbstbewußtsein

Die jüngere Generation der 80er Jahre bewegt sich in den neugeschaffenen Freiräumen wie selbstverständlich. Ihr Engagement ist nicht negativ, nicht allein als

Befreiung von Bindungen, Autoritäten und Werten gemeint. Heute richtet sich der Einsatz auf positive Werte: Utopien ohne lebenspragmatischen Eignungsstempel haben geringe Nachfrage. In den Reihen der Alternativbewegung ringt man längst verzweifelt um eine geeignete Mischung progressiver und konservativer Werte. Die jungen Aufsteiger legen ihr Gewicht mehr auf die eigene, ökonomische Unabhängigkeit. Reichtum ist ihnen keineswegs unangenehm. Selbstverständlich darf auch genossen werden. Zwar steht auch hier der Egoismus im Vordergrund, er zieht sich nur nicht regressiv in sich selbst zurück, sondern ist auf die Teilnahme an der Gemeinschaft hin ausgerichtet. Die Möglichkeiten, die die neuen Technologien anbieten, werden zu Unternehmensgründungen und Eigeninitiativen genutzt. Begabung und individuelle Risikofreude werden dabei eingesetzt. Man hofft nicht auf ein neues Paradies, sondern vertraut auf die eigenen Kräfte. Weil man nie an die Fortschrittsutopien glaubte, fällt der Abschied von ihnen auch nicht schwer.

Diese Jugend will, wie jede vor ihr, ihre Zukunft gestalten, und sie kopiert nicht unbedingt, was auch gar nicht möglich wäre, den Lebensstil ihrer Eltern oder Großeltern, sondern sucht nach einer eigenen Art des Lebensstils, nach einer eigenen Ordnung, die für sie überschaubar, verläßlich, stabil und sinnvoll ist, nach einer eigenen „Heimat“. Nie war dies so schwierig wie heute, wo eine grell-oberflächliche Kulturindustrie, die sich selbst immerzu geistigen Tiefgang bescheinigt, ständig neue Moden entwirft, keine identitätstiftenden Ideale anbietet, sondern nur hohle Stars aus dem Hut zaubert, die mal in die Rolle des Supermackers oder der Sexylady, mal in die des kaputten Schizos oder der geschundenen Ehefrau schlüpfen. Der junge

Aufsteiger ist der erklärte Gegner des Alternativlis, die dauernd die funktionale Kälte der Labore und Büros beklagen, ohne sie von innen zu kennen und von deren möglicher Faszination sie keine Ahnung haben.
Er weiß, daß man vor allem Talent, Ehrgeiz, Engagement, Fleiß und Durchsetzungsvermögen braucht, um erfolgreich zu sein. Mit wachen und neugierigen Augen betrachtet er das Leben. Nicht als distanzierter Ohnemichel, der mit divahafter Privatiergesinnung meint, alles Glück dieser Erde stünde ihm wie selbstverständlich zu, wenn er nur den Griffel hebe. Andere hätten schon gar keine Anrechte auf ihn. Der neue (neo-konservative) Aufsteiger ist aktiv, selbstbewußt, zielorientiert und allzeit lernbereit. Vom altklugen Jargon, in dem die Alternativlis von ihren „schrecklichen" Ausflügen in die Berufswelt der „Megamaschine" labern, hält er nichts. Ihm ist die vielgerühmte Alternativszene schlicht zu langweilig, zu moralingeschwängert und eingleisig. Die flotten Szenesprüche sind zwar ganz lustig, als Lebensinhalt scheinen sie ihm aber doch zu dürftig. Müsli und Biokost können ja ganz gesund sein, aber daraus gleich eine geschlossene Weltanschauung machen? Nein, die Alternativbewegung schleppt eben zu viel alten ideologischen Ballast mit, hat zu wenig Ahnung, um über die Berufs- und Wirtschaftswelt wirklich mitreden zu können, und ist, ohne es wahrhaben zu wollen, zu angepaßt an den Kulturbetrieb und den Konformitätsdruck der Kulturindustrie. Kunst ist Kommerz. Wer sollte das besser wissen als diejenigen, die im Wirtschaftsleben stehen? Sie wissen, daß auch die Sinnproduzenten ihr Stück vom Kuchen abschneiden wollen — aber bitte mit Sahne. Das ganze hochtrabende Gerede von Engagement, Ausdruck, Tiefsinn usw. gehört in dieser Branche zur Verpackung. Zu den im Medienverbund

laufenden Kampagnen der Kulturindustrie (besonders im Platten-, Film- und Literaturbetrieb) blicken selbst manche Manager der Produktindustrie neidvoll hoch. Mag sein, daß die Motive mancher Kulturschaffenden von diesem wirtschaftsorientierten jungen Aufsteigertyp nicht adäquat gewürdigt werden. Aber sein Interesse am Kulturbetrieb ist ohnehin nicht von existentieller Bedeutung.

Er muß nicht überall dabeisein. Zur Kulturindustrie hat er ein eher passives Verhältnis. Sie soll ihn primär unterhalten. Aus dem Angebot wählt er dann aus, was ihm gefällt und zusagt. Er muß nicht auf dieser und jener Ausstellung gewesen sein, den Szenejargon draufhaben oder Stegreifreferate über die Theologie der Befreiung, das Matriarchat, das I Ging, den Unterschied zwischen Fundis und Realos oder den Einfluß von New-Age-Musik auf den Biorhythmus beim Stricken halten können.

Den Zug in die alternative Bedeutungsschwere besteigt er nicht, lieber fährt er ein paar Stationen mit und genießt die Landschaft. Das trägt ihm bei seinen alternativen Widersachern prompt den Vorwurf ein, ein oberflächlicher Zeitgenosse zu sein. Er gilt ihnen als — pfui! — materialistisch, augenblicksverhaftet, angepaßt und, was der schwerste Vorwurf ist, charakterlich korrumpiert, einer, den das System völlig absorbiert habe, mit dem man eigentlich schon wieder Mitleid haben müßte. Zum Beweis wird der hochglanzpolierte Schicki-Micki vorgeführt: in den Augen der Alternativlis der Prototyp des außengeleiteten Menschen. Der Yuppy könnte den Ball zurückgeben und dem Müsli vorwerfen, er sei es, der im Schulunterricht zu sehr aufgepaßt und auf die Indoktrination seines 68er Lehrers hereingefallen wäre. Doch es kommt nicht dazu. Die beiden begegnen sich kaum.

Im neo-konservativen Amerika gab man dem jungen Aufsteigertypus den Namen Yuppy (Young Urban Professional). Er ist wie sein alternatives Gegenstück ein Mitglied der Babyboom-Generation, hat eine gute Schulbildung und arbeitet sich die Karriere- und Gehaltsleiter empor. In Amerika werden sie langsam zu einer dominanten politischen und kulturellen Kraft. Die typischen Yuppies sind jung, leben in einer mittelgroßen Stadt bis Großstadt und stehen im Berufsleben als Informatiker, Techniker, Rechtsanwälte oder Ärzte, Werbeexperten, Topjournalisten (nur in Amerika) und Jungmanager, mit einem Hang zum neuen Unternehmertum. Auch der Yuppy hat seine linksliberale Lektion gelernt: Er ist Egoist. In erster Linie denkt er an sich, doch da ihm die Sinnproduzenten nicht Halbgötter, sondern Unterhaltungskünstler sind, nimmt er dem System gegenüber nicht deren schizophrene Aus- und gleichzeitig Einsteigerhaltung ein, sondern wird darin aktiv. Als Egoist ist er tolerant, weil auch er toleriert werden will. Linke dürfen links, Alternative alternativ, Feministinnen feministisch und Altkonservative altkonservativ sein, nur ans Eingemachte darf ihm niemand gehen; da ist er empfindlich.
Beliebt sind bei ihm Prestigeprodukte, Geld und Einfluß und „schöne Dinge“, die das Leben versüßen; insofern befindet er sich im Sog der Kulturindustrie und ihrer Moden, doch wäre es falsch, daraus den Schluß zu ziehen, die Yuppies stünden politisch rechts und kulturell links. Vielmehr tendieren sie politisch, obwohl keine festen Loyalitäten kennend, nach Mitterechts. Jedenfalls votieren sie ganz nach ihrem eigenen Vorteil, was in Zukunft, da die Zeiten härter werden, nur bedeuten kann, daß sie nach rechts tendieren werden. Der Yuppy-Lebensstil ist liberal. Man möchte als

weltläufig und welterfahren gelten, demonstriert einen hohen Lebensstandard, allerdings mit einer konservativen Neigung zum Understatement, nicht grell und billig, sondern edel und solide. Als selbstverständlich werden beiden Geschlechtern gleiche Rechte zugestanden, doch lehnen beide — sie und er — Geschlechterkampf, Quotenregelung und Gleichmacherei ab. Das Geschlechterverhältnis wird in Abhebung von der langweiligen und künstlichen Androgynität der Alternativen neu definiert: Betonung der Individualität, also von Männlichkeit und Weiblichkeit.

Weil sie Individualisten sind, stehen die neuen Aufsteiger jeder Form des Kollektivismus und Sozialismus negativ gegenüber. Sie sind tolerant, was allerdings nicht heißen soll, daß sie sich von anderen Gruppen, etwa den Müslis oder den Prolos, nicht streng abgrenzen. Das ergibt sich einfach aus ihrem Berufs- und Lebenszusammenhang. Was ihnen noch fehlt, ist eine eigenständige Philosophie, die ihre Interessen und ihren Lebenssinn unter einen Hut und auf den Begriff bringt.

Die Politisierung der Yuppies steht also noch aus. Das ist die Chance für die Neo-Konservativen: Der Yuppy steht zu sehr im Leben, um sich über wirtschaftspolitische Sachzwänge täuschen zu lassen, und er kennt seine Altersgenossen im alternativen Milieu zu gut, um in deren Ausstiegsszenarios (wg. Umweltvergiftung, wg. Großkapital usw.) und deren Verschwörungstheorien (Patriarchat, Plutoniumstaat usw.) nicht eine Ersatzreligion zu erkennen, die dazu dienen soll, mit gutem Gewissen noch möglichst lange tun und (besonders) lassen zu können, was man will, um den Sprung ins kalte Wasser der Selbstbewährung hinauszuschieben. Die neuen Aufsteiger sind jedenfalls liberaler als ihr alternativer Widerpart, weil sie die Welt nicht um jeden Preis verbessern wollen, sondern auf diesem immer enger werdenden Planeten leben wollen. Ihr jugendliches Freiheitsgefühl gestehen sie auch jedem anderen zu. Allerdings werden sie mit zunehmendem Alter politischer, treten für Steuersenkung und weniger Sozialstaat ein und bekommen die politischen Sachzwänge früh am eigenen Geldbeutel zu spüren.

Es geht nicht um eine neue richtige Ideologie im Kopf, sondern um die Rechtfertigung von Lebensstilen, hinter denen ein Sinn steht. Vorerst haben die Yuppies sich nur eine Identität für den Hausgebrauch zurechtgelegt, die ihr Selbstbewußtsein stärkt und sie gegen die ständigen Beschuldigungen der Linksbourgeoisie wappnet. Ihre Symbole, die teilweise dem Kosmos des Edelkonsums entnommen sind, richten sich just gegen die kulturelle Hegemonie der Linksbourgeoisie.

Die neuen Aufsteiger sind insofern national, als ihr ökonomisch geschulter Blick die Vorzüge der deutschen Kultur im Vergleich zu anderen erkennt. Sie wissen, daß sie das alles sehr subjektiv beurteilen, daß andere die Sache ganz anders sehen mögen. Aber sie möchten nicht unbedingt mit jedermann — weder mit den Amis noch mit den Dritte-Welt-Romantikern — tauschen, und sie wissen warum. Weil er das Chaos im Containerhafen von Lagos kennt, schätzt der deutsche Yuppy die „deutsche Gründlichkeit" im Hamburger Hafen; weil er mit der Bakschischmentalität des Ostens Bekanntschaft gemacht hat, schätzt er marktwirtschaftliche Spielregeln, so er nicht gerade im Baugewerbe tätig ist; weil er sich von japanischer High-Tech umzingelt sieht, freut er sich über deutsche Technologie und unsere Spitzenplätze in manchen Branchen der Weltwirtschaft. Der Yuppy weiß auch, daß auf dem internationalen Parkett ausgeprägte Vorstellungen über nationale Besonderheiten bestehen,

die das Profil einer Nation widerspiegeln: High-Tech aus Kalifornien, Design aus Italien, Wein aus Frankreich, Qualität aus Deutschland usf.
Die junge Aufsteigergeneration hat bereits ihre Vorbilder. In Frankreich ist es Bernard Tapie. Er ist der Prototyp des Emporkömmlings und ein lebender Beweis dafür, daß der Mensch nicht das Produkt seiner Verhältnisse sein muß, sondern aus seinem Leben selbst etwas machen kann, wenn er nur will; und wenn er die Begabung dazu hat, möchte man hinzufügen. Bernard Tapies steiler Aufstieg begann aus bescheidenen Verhältnissen. Das Elternhaus gab ihm Geborgenheit, aber keine Aussicht auf die große Erbschaft, wie sie heute manchen Einzelkindern winkt. Heute residiert Tapie in einem Prachtbau im besten Pariser Viertel und steht einer 5,4 Milliarden Franc Jahresumsatz erwirtschaftenden Unternehmensgruppe vor, die er, Liebling der französischen Medien, gut in der Öffentlichkeit verkauft.
Der junge Bernard Tapie gewinnt einen Gesangswettbewerb, wird in eine internationale Jugendhandballmannschaft aufgenommen, steigt mit Chansons ins Schaugeschäft ein, fährt Formel-3-Autorennen und hat das unwahrscheinliche Glück, mit 25 Jahren einen Unternehmensberater kennenzulernen, der ihn unter seine Fittiche nimmt und ihm das unternehmerische Rüstzeug, Bilanzierung, Buchhaltung, Kalkulation und Marketing, vermittelt. Man sieht: Zu einer Traumkarriere gehören auch eine Portion Glück und außergewöhnliche Begabung. Gleichwohl ist Tapie zu einem Vorbild der jungen Aufsteiger in Frankreich geworden. Auch ihm ist nichts in den Schoß gefallen; nach einigen Pleiteprojekten und vielen Rückschlägen hat er seinen speziellen Weg gefunden. Er betätigt sich erfolgreich als Unternehmenssanierer und beweist,

daß man durch eine positive Lebenseinstellung, unternehmerische Initiative und Risikobereitschaft zu etwas kommen kann. Der Aufbau seines Industrie-Imperiums gehorcht keineswegs ausschließlich dem unbeeinflußbaren Willen Fortunas. Tapie und sein Team gehen zielgerichtet vor. Nach den eisernen Regeln von Kompetenz und Fachwissen durchleuchten sie marode Unternehmen und verpassen ihnen ein effizientes Management, ein neues Firmenimage, ein maßgeschneidertes Marketing und motivierte Mitarbeiter. Tapies Erfolge sind spektakulär. Seine Methode wird sich nicht auf alle Unternehmen übertragen lassen, doch gibt er der Jugend das Gefühl, daß Leistung sich lohnt und daß umgekehrt, wer sich treiben läßt, früher oder später ein Getriebener sein wird. Er ermuntert zu unternehmerischer Initiative und demonstriert, daß Arbeit Freude machen kann.

Während Bernard Tapie für eingefleischte deutsche Alternativlis schon eine persona non grata ist, die den einzigen Vorteil hat, nicht hier, sondern jenseits der Grenze herumzuspuken, bedeutet ihnen sein deutsches Gegenstück, Boris Becker, ein rotes Tuch. Der junge, blonde und blauäugige Tennisstar repräsentiert einfach alles, was den muffigen Alternativ-Spießern gallig aufstößt. Das beginnt mit dem Leistungsprinzip, zu dem er sich vorbehaltlos bekennt. Er will gewinnen — „das schönste Gefühl ist der Sieg, dann bekomme ich eine Gänsehaut". Die harte Konkurrenz und der Wettkampf bereiten ihm Freude. Er weiß, daß er Talent hat, die Spitze aber nur mit harter Arbeit erklommen werden kann. Sein Ziel ist nicht allein das dicke Bankkonto, sondern in erster Linie Ruhm und Ehre, der Sieg und die Selbstbestätigung. Die Lust am Spiel ist ihm wichtiger als die Lust am Geld. Das Gefühl, sich vor zwanzigtausend Zuschauern zu beweisen, ist

stärker als die Südsee. Er will die Nummer eins sein und ist ganz bewußt bereit, den Preis dafür zu bezahlen. Boris Becker ist ein Held, und Helden mögen die Alternativen nicht. Dem Faß den Boden aus schlägt aber Beckers Bekenntnis zu Deutschland. Beim Deutschlandlied „kommt dieses ganz starke Gefühl, nicht nur allein für mich zu sein . . . aber die Siege sind dann auch viel schöner“ (Becker).
Die linke Welt ist ratlos. Schon der Sport ist ihr suspekt. „Zum Sport“, schrieb der Bücherwurm Adorno, „gehört nicht bloß der Drang, Gewalt anzutun, sondern auch der, selbst zu parieren und zu leiden.“ Im Sport reproduziere sich das kapitalistische Leistungs- und Konkurrenzprinzip. Daß der Sport, als Ausdrucksform von Wettkampf und Spiel, eine epochenübergreifende Erscheinung ist, kümmert die progressiven Sinnproduzenten wenig. Zur Diffamierung greifen sie auf ihr martialisches Vokabular zurück und erklären die Sportidole von heute flugs zu „Kriegshelden“. Beckers Aufschlag wird so zum Bumbum-Haubitzenschuß, wenn Boris Matchball hat, schreitet er zur „Exekution“, die „Schlachtenbummler“ wollen einen „Blitzkrieg“ sehen.
Jugend, Kraft, Siegeswillen und Tugend: Was der Konservative an Boris Becker schätzt, den Linksalternativen gereicht's zum Alptraum. Wenn schon Idole, dann John McEnroe. Gelobt wird sein freches Mundwerk, daß er Schieds- und Linienrichter bedroht, Männer und Frauen gleichermaßen beschimpft und andauernd „Scheiße“ sagt. Ein Antistar nach linkem Geschmack. Daß ausgerechnet McEnroe es war, der bei einem großen deutsch-amerikanischen Tennisfight das amerikanische Publikum zu antideutschen Haßtiraden aufpeitschte, zeigt, wie kurzsichtig es ist, schlechte Manieren zur politischen Geste zu erklären. Daß Bo-

ris Becker beim selben Anlaß mit der deutschen Fahne eine trotzige Ehrenrunde auf dem Parcours drehte, zeigte wiederum, daß die junge Aufsteigergeneration keine Scheu vor nationaler Symbolik hat.

Die Porträts von Tapie und Becker sind die Geschichten von zweien, die auszogen, anderen das Fürchten zu verlernen. Die junge Aufsteigergeneration nimmt diese Lektion an. Ihr Einsatz richtet sich auch auf Unmittelbarkeit und gegen Entfremdung, doch wissen sie, daß der Haß der Alternativlis gegen die Masse der brav angepaßten Bürostatisten, gegen die Karrieristen, die vor Normalität stinken, und gegen die Hohlheiten der Neon-Schickis einem insgeheim neidischen Elitarismus gehorcht, der obendrein nichts bringt, weil die im Namen des selbstbestimmten Lebens betriebene Armutsverherrlichung gar nicht selbstgewählt ist, sondern zumeist aus der Not eine Tugend macht, und weil das spöttisch-zynische moralinsaure Genörgel die Probleme nicht löst. Die Rebellion der Linksalternativen geht ins Leere. Sie haben an Attraktivität verloren, weil sie den Dilettantismus kultivieren und zum Auffangbecken für jene Ritter und Burgfräulein der melancholischen Gestalt geworden sind, die mit dem Lebenspuzzle, das aus Chancen und Illusionen, Utopien und Banalem, Macht und Moral, Gut und Schlecht besteht, nicht zurechtkommen.

Hinter der alternativen Verachtung des klassischen Spießerhaushalts aus Plüschsofa und Mahagonischrankwand, Einbauküche und Pantoffelkino, Morgenmantel und Frühaufstehwecker hat eine alternative Spießigkeit Einzug gehalten, die sich mit ihrem selbstgestrickten Ikea- und Sperrmüllinventar nur durch die Vorurteile und die Pädagogenbrille, durch die alles wahrgenommen wird, von ihrem Feindbild unterscheidet. Es stimmt einfach nicht, daß der

Durchschnittsdeutsche bloß vegetiert, während die Szene wirklich lebt. Für die Alternativlis wie die Schicki-Mickis gilt, daß die bloße Ablehnung des Vorhandenen noch lange keine Zukunft eröffnet, sondern selbst nur zu pseudoavantgardistischen Varianten des Spießertums führt. Übertriebene Nachahmung oder bloße Negativität begründen eben keine Eigenständigkeit.

Natürlich teilt die pluralistische Jugendkultur der 80er Jahre Gemeinsamkeiten: Da ist der Narzißmus, der wohl auch eine Selbstschutzreaktion derjenigen ist, die die Schattenseiten der Emanzipationsbewegung am eigenen Leib erfahren mußten; da ist die Revolte gegen die 68er Lehrer und linken Patentrezepte; da ist der Egoismus, der dem Zeitgeist der 70er Jahre entstammt und die persönliche Lebensspanne zum Maß aller Dinge — nach mir die Sintflut — ernannt hatte. „Individualismus und Selbstbezogenheit, im modernen Jargon auch ‚Selbstverwirklichung' genannt", schreibt die Soziologin Helge Pross, sei der Common sense der Bundesrepublik: „Übergreifende, über die persönlichen Interessen und das private Glück hinausreichende Ideen, Ideen der Selbstverleugnung zugunsten gesellschaftlicher Belange, Ideen der Solidarität zu Lasten des eigenen Vorteils, Idee des Verzichts" haben nach ihr in der BRD „keine Heimat". Unser Egoismus hat zu lange auf Kredit an der Solidarität gelebt. Nun melden sich die politischen Sachzwänge verstärkt zurück. Allmählich erreichen die wirklich wichtigen Themen wieder die gebührende öffentliche Aufmerksamkeit: der Geburtenrückgang, Arbeitslosigkeit, Agrarpolitik, Finanzausgleich, Verschuldung, Industriestruktur, Aids, Ausländer, deutsche Frage usw. Für diese Probleme müssen konsensfähige Lösungen gefunden werden. Doch haben die 80er Jahre nicht noch eine Grunderfahrung gemeinsam? Das ökologische Bewußtsein ist in dieser Zeit großgeworden. Es verweist auf Solidarität, verliert sich jedoch nicht im Unendlichen und Illusionären, sondern ist auf das Überschaubare gerichtet. Qualität statt Quantität, Verbundenheit mit Natur, Land und Leuten, Erhaltung des Bewährten, Vertrautheit mit der Heimat, diese von einer breiten Stimmung getragenen und wiederentdeckten Werte bieten die Chance, die selbstbezogene Distanziertheit in ein neues Verantwortungsbewußtsein umzukehren. Warum soll man den Weg in diesem Geiste nicht gemeinsam gehen?

Progressiv kontra konservativ

Die Krise unserer Gegenwart, darin sind sich alle Kritiker einig, ist eine Krise des Fortschritts. Je erfolgreicher er war, desto fragwürdiger wurde er. Die Fortschrittskrise ist das Ergebnis der zur Struktur gewordenen progressiven Werte. Was liegt also näher, als eine kritische Analyse progressiven Denkens? Die Beschäftigung damit ist eine dringliche Aufgabe, die besonders den Konservativen zufällt, da die Linke weiterhin im engen Zirkel der progressiven Ideensysteme befangen ist.

„Der Glanz des bürgerlichen Subjekts war seine welthistorische Allgemeinheit; sein Elend ist die nicht begriffene Partikularität", bringt Bernard Willms diese Krise auf den Begriff. Der Fisch beginnt am Kopf zu stinken, der progressive Idealismus am Universalismus. Weil sich die kulturelle Hegemonie der Linksintellektuellen dem moralischen Pathos der Menschheitserlösung verdankt, ist sie nicht bereit, auf diese säkularisierten Erbaulichkeiten zu verzichten. Sie will den universalen Anspruch, die Menschheit aus allen rechtlichen, sozialen, politischen, psychischen und ökonomischen Abhängigkeiten zu befreien, nicht aufgeben. Doch bis das Ende der Geschichte, der Zustand herrschaftsfreier Kommunikation, erreicht sein wird und bis alle Abhängigkeiten beseitigt sein werden, so lautet das „Prinzip Hoffnung", wird noch viel verschmutztes Wasser den Rhein hinunterfließen und die Gelegenheit bieten, die Interessen der Unterdrückten, der Schwachen oder der Natur stellvertretend für die Betroffenen geltend zu machen. Wer revolutionieren will, muß die Lage schlechter ausmalen, als sie ist.

Doch die schlechte Lage zeigt vor allem eines deutlich: die Krise der progressiven Werte. Seien wir realistisch:

Viele emanzipative Forderungen sind heute eingelöst. Es gibt einige westliche Staaten, in denen Demokratie, Gewaltenteilung, rechtliche Gleichstellung und sozialer Wohlstand weitgehend verwirklicht sind. Doch sie konnten bei weitem nicht in allen Staaten durchgesetzt werden, und auch diese wenigen sind vom Idealzustand der totalen Gleichheit meilenweit entfernt. Ein Blick auf die Landkarte, auf die zunehmenden Probleme der Verelendung (Dritte Welt) und Umweltverschmutzung, zeigt uns, daß das „Projekt der Moderne" seinen Ursprung und seine Beschränkung auf die europäische Aufklärung nicht verleugnen kann. Es hat darüber hinaus Folgeprobleme erzeugt, für die eine Lösung nicht in Sicht ist.
Das einzige, was am Projekt der Moderne universal war, war sein imperialer Erlösungsanspruch und sein kulturelles Selbstverständnis, „den Menschen" zu repräsentieren. So lange die Europäisierung der Erde erfolgreich voranschritt, brauchte sich das emanzipative Prinzip nicht in Frage stellen zu lassen, zumal es jede lokale Negation als unterentwickelt und rückschrittlich kriminalisieren konnte. Inzwischen ist jedoch sein menschheitliches Definitionsmonopol gebrochen: Die Dritte Welt, aber auch Staaten wie Japan entwickeln ihr eigenes kulturelles Selbstbewußtsein und verweisen das progressive Autonomieprinzip auf seine europäische Partikularität. Im westlichen Kulturkreis selbst richtet sich die Bevölkerung in Lebensformen ein, die nach progressivem Geschichtsverständnis längst abgestorben sein müßten: Nation, Ehe, Familie, Privateigentum. (In den angeblich so fortschrittlichen sozialistischen Staaten ist der Rückzug ins Private wegen des obrigkeitsstaatlichen Drucks sogar noch viel größer.)
Die Frauenbewegung hat uns bewußt gemacht, daß das progressive Konstrukt des autonomen Subjekts

kein geschlechtsneutrales Wesen („Der Mensch") war, sondern, in den Worten des Marx-Lehrers Moses Hess: ein Wesen „der männlichen Selbständigkeit".
Die Umweltkrise zeigt uns, daß wegen der Knappheit der natürlichen Ressourcen die Voraussetzung für eine herrschaftsfreie und klassenlose Gesellschaft, der Überfluß, entfällt. Das Reich der Freiheit, wenn es denn eines wäre, entrückt ins Reich der Unmöglichkeit. Im Scheitern der technizistischen Philosophie der Machbarkeit drückt sich schließlich die Partikularität des mechanistischen Wissenschaftsverständnisses aus, wie es besonders von der Soziologie vertreten wird, die den Menschen als Produkt seiner Verhältnisse betrachtet und über die Änderung der Verhältnisse durch Einsicht in ihre Gesetzmäßigkeiten den Menschen und die Gesellschaft selbst für machbar hält.
Halten wir fest: Die offensichtliche kulturelle Partikularität der europäischen Aufklärung zerstört alle Hoffnung auf einen progressiven Universalismus. Die Zukunft kann vieles sein, nur eines wird sie sicher nicht mehr sein: links-progressiv. Das heißt noch lange nicht, daß sie konservativ sein wird. Da gibt es anarchistische, öko-diktatorische und kommunistisch-totalitäre Möglichkeiten.
Damit es ein Aufbruch in eine konservative Neuzeit werden kann, müssen wir uns erst deutlich bewußt machen, wie sehr das egalitäre Gesellschaftsmodell mit dem technizistischen Machbarkeitswahn zusammenhängt. Wer vom Sozialismus spricht, darf von Technizismus und Naturfeindlichkeit nicht schweigen. Es ist beinahe Konsensus, schreibt Peter Koslowski, „daß das Ökologieproblem heute das Ende unbeschränkter Herrschaft des Menschen über die Natur und das Ende der utopischen Hoffnungen der Neuzeit besiegelt, daß

die ‚Erschöpfung der utopischen Energien' den Beginn einer postmodernen, nachneuzeitlichen Epoche anzeigt". Die Progressiven sind am Ende. „Modernität ist ein Gegenstand geworden, über den wir nachdenken, sie ist nicht mehr die Form, in welcher wir darüber nachdenken" (Robert Spaemann).

Die Geburt des autonomen Subjekts

Bei der Geburt des progressiven Mythos vom selbstbestimmten autonomen Menschen steht zu Beginn der Neuzeit das Bürgertum Pate, das durch den raschen sozialen Wandel im Frühkapitalismus zu Geld, durch die Fortschritte in der Wissenschaft zu philosophischer Selbständigkeit, durch die Entdeckungen und Erfindungen zu imperialem Selbstbewußtsein und durch die Konfessionskriege zum Verlust religiöser Wahrheit gekommen war. Der Bürger wendet sich erstmals gegen die alte Herkunftswelt, gegen die Privilegien der Aristokratie und den Dogmatismus des Klerus. Er entdeckt seine Freiheit: „Unter Freiheit versteht man nach der eigentlichen Bedeutung des Wortes die Abwesenheit äußerer Hindernisse", schreibt Thomas Hobbes. Diese Freiheit gibt dem Bürger das Recht, sich gegen Gesellschaft und Staat zu behaupten, von ihr bezieht er die Spontaneität, sich selbst und sein eigenes Leben zu entwerfen und die Natur nach seinem Willen zu formen. Seine Rationalität ist die des Herstellens und Konstruierens. Beziehungen sind nicht mehr naturwüchsig oder gottgewollt, sondern sie sind gemacht, sind Resultate vernünftig kalkulierender autonomer Subjekte, die sich vertragen müssen und wollen, und daher ihre Beziehungen untereinander durch Verträge regeln. Die Autorität des Herrschers, des Staates und der Religion entspringt nicht länger der historischen Tradition, sondern bezieht ihre Legitimität aus der Vernünftigkeit eines Gesellschaftsvertrages (Verfassung). Die Freiheit bindet sich selbst, sie kann sich selbst verpflichten, sie kann diese Bindung jedoch auch wieder aufkündigen. Darin liegt ihre eigentliche revolutionäre Bedeutung.

Der Bürger entdeckt die Gleichheit. Er löst die mittelalterliche Ständeordnung auf, weil sie ihm in seinem freizügigen Streben nach Eigentum hinderlich ist. Schon Stadtluft hatte freigemacht. In den Gilden und Logen begegnen sich Menschen von gleichem Stand. Kaufleute, die Verträge abschließen, sind rechtlich gleichberechtigt. Und wenn auch die Menschen von Natur aus nicht gleich sein müssen, ihre rechtliche Gleichheit ergibt sich aus einem „vernünftigen" deklaratorischen Willensakt.

Der Bürger entdeckt den Fortschritt. Das Mittelalter stand im Bann einer chiliastischen Enderwartung, sah in der Welt ein Jammertal, in dem sich nichts wesentlich Neues mehr ereignen würde. Die Neuzeit schließt aus der wachsenden wissenschaftlichen Erkenntnis auf einen Fortschritt zum Besseren in der Zukunft. Die Wissenschaften haben die Unzulänglichkeiten der Natur auszugleichen. Francis Bacon fordert die Unterwerfung des Menschen unter die Naturgesetze. René Descartes sieht sich kurz vor dem Ziel der Naturbeherrschung. Das Glück der Menschen, meint er, rücke in greifbare Nähe. Zwar werden immer wieder Zweifel am Fortschrittsglauben angemeldet, von Voltaire, Diderot oder Rousseau, doch der Bürger schwelgt im Fortschrittsoptimismus.

Wenn die Geschichte zum Besseren fortschreitet, so liegt es nahe, daß das Neue auch das Bessere sein muß. Der Motor alles Neuen ist der Wettbewerb. Er speist sich aus dem materiellen Egoismus der einzelnen. Das ist nicht länger lasterhaft, denn die Summe der Einzelegoismen ergibt, schreibt der Liberale Adam Smith, wie durch ein Wunder (die „invisible hand“) mehr Wohlstand für alle. Obwohl Adam Smith dem „homo oeconomicus“ noch durchaus menschliche Züge verleiht, wird dieser schnell in das mechanistische Konzept des aufklärerischen Bildes des autonomen Subjekts gepreßt, das rational entscheidet, das als eiskalter Rechner im vollen Besitz von Marktübersicht und Vorausschau ausschließlich von dem Streben nach Nutzenmaximierung erfüllt ist, um damit mit allen anderen ebenso unabhängigen, rationalen, allwissenden und von dem gleichen Streben erfüllten Wirtschaftsmenschen in Wettbewerb zu treten.

Der berühmte Vertreter des englischen Liberalismus, Jeremy Bentham, dem die französische Nationalversammlung 1792 den Ehrentitel eines Bürgers verlieh, versucht dem homo oeconomicus ein anthropologisches Fundament zu geben. Radikaler Individualismus, Utilitarismus und Gleichheitslehre verbindet er zu einer Handlungslehre. Danach sei jedermann grundsätzlich befähigt, sich zweckvoll zu verhalten und moralisch zu urteilen sowie seine Interessen selbst zu definieren. Glück sei das höchste Ziel allen menschlichen Handelns. Die Nützlichkeit sei demnach jenes Prinzip, von dem aus jede Handlung bewertet werden kann, ob sie zur Glückmaximierung oder Unlustvermeidung beiträgt. Auch Askese oder Sympathie- und Antipathiegefühle lassen sich letztlich auf Nützlichkeitserwägungen zurückführen. Die Summe aller Einzelinteressen ergibt das Gesamtinteresse. Eine Regierung kann deshalb nicht entscheiden, was das Glück für den einzelnen bedeuten soll. Die Regierung ist lediglich dazu da, die Bedingungen der Möglichkeit privater Glückmaximierung herzustellen. Sie orientiert sich an Sicherheit, Gleichheit, Überleben und Überfluß. Von dieser Position aus rechtfertigt Bentham nahezu alle Praktiken des Bereicherungs-Kapitalismus.

Die technizistische Philosophie der Neuzeit

Woher stammt nun der Glaube an die Vernünftigkeit des Menschen, an die (sittliche) Autonomie des Individuums und an die erlösende Überflußgesellschaft? Die Aufgabe der Wissenschaft, verkündete der Wegbereiter des naturwissenschaftlichen Denkens, Francis Bacon, bereits Anfang des 17. Jahrhunderts, sei die Naturbeherrschung und die zweckmäßige Gestaltung der Kultur. Es ist die Blütezeit der Mechanik, deren Gesetzmäßigkeiten berechnet werden konnte. Die Mathematik als Wissenschaft des Gleichförmigen und Meßbaren wird zur führenden Wissenschaft und bestimmt das Denken der Zeit. Alle Menschen sind gleich, insofern sie mit Vernunft begabt sind. Die Universität ist ein Ort der Gleichheit des Geistes, dort entscheidet — idealerweise — das bessere Argument. Pierre Bayle ersinnt für die aufgeklärte Intelligenz eine „gelehrte Republik", deren inneres Verhältnis der Mitglieder durch Gleichheit untereinander charakterisiert ist — man grenzt sich freilich gegenüber der Masse der Ungebildeten ab.

Der Begründer des Rationalismus, René Descartes, erklärt die Ratio zur alleinigen Quelle aller Erkenntnis. „cogito ergo sum": Ich denke, also bin ich. Descartes mißtraut der Sinneserfahrung und vertraut allein dem Urteil der Vernunft: „Selbst wenn die Erfahrung das Gegenteil uns zu zeigen schiene, würden wir trotzdem genötigt sein, unserer Vernunft mehr als unseren Sinnen zu vertrauen“, schreibt Descartes und folgert, „daß die Regeln der Mechanik die gleichen sind wie die Regeln der Natur“. Nur das Denken gehört zum Menschen, seine Natur ist unwesentlich. Aber das Denken verlangt nach Gewißheit, und da man alles bezweifeln kann, bis auf eben dieses Bezweifeln, bleibt Descartes der Zweifel als einzige absolute Wahrheit übrig. Der Zwang zum ständigen Hinterfragen läßt Descartes das Gelübde einer Pilgerfahrt nach Loretto ablegen, wenn er dort durch absolute Wahrheitsfindung begnadet würde.

Descartes' Weltbild wurde von Anfang an widersprochen. Kritiker wie Goethe, Pascal, Leibnitz haben dieses strikt mechanistische Weltbild bezweifelt und die These, die Natur sei nur eine Maschine und Gott selbst sei der beste Techniker, zurückgewiesen. Doch die Dynamik der wissenschaftlich-technischen Erkenntnis, der Erfindungen usw. schienen die technizistische Philosophie zu bestätigen. Dies ist auch gesellschaftspolitisch höchst bedeutsam, weil sich Traditionen, Bräuche, Tabus, Glaubensformen usw. bezweifeln ließen, weil man glaubte, die Vernunft gewährleiste die Gleichheit aller im Geiste und die Rationalität möge als bestes Werkzeug zur Naturbeherrschung und zum Fortschritt, zum Glück freigesetzt werden.

Erst in der Epoche der Aufklärung entfaltet sich der Glaube an die menschliche Vernunft und an die rationale Weltgestaltung zu einer breiten Strömung. Die Philosophie der Neuzeit ist „technizistisch“ (Hans Sachsse). Exemplarisch dafür ist Immanuel Kant. Scharf stellt er den Menschen der Natur gegenüber und begründet ein Herrschaftsrecht des Menschen über die Natur. „Die Natur hat gewollt: daß der Mensch alles, was über die mechanische Anordnung seines tierischen Daseins geht, gänzlich aus sich selbst hervorbringe und keiner anderen Glückseligkeit oder Vollkommenheit teilhaftig werde, als die er sich selbst frei von Instinkt, durch eigene Vernunft verschafft hat", schreibt Kant. Der Mensch ist von der Natur längst freigesprochen, er muß es nur noch erkennen, muß erst noch mündig werden. Kant vertraut auf die Vernunft, die den Menschen zur Selbstbestimmung ermächtigt und nach ihren Prinzipien und Imperativen leitet. Nur noch das moralische Gesetz in sich selbst wissend, befreit sich der Mensch aus der Abhängigkeit der äußeren Natur, aus der Willkür anderer Menschen, aus den Banden des Autoritätsglaubens sowie der Sinnlichkeit. Die Fähigkeit dazu kommt allen Menschen gleicherweise zu.

Die vernünftig-sittliche Gleichheit macht die natürliche Ungleichheit wett. Somit wird Gleichheit zum Gebot der praktischen Vernunft. Nur einige wenige Gelehrte haben die Mündigkeit bereits erreicht, der Rest der Menschheit werde allmählich „vom Schlechteren zum Besseren" fortschreiten, hofft Kant. Und damit die Menschheit auch wirklich aufbricht, macht Kant es ihr zur „Pflicht". Kant erklärt die Emanzipation zum Ziel der Geschichte und begründet dies mit der Herrschaft der Vernunft über die Natur.

Eine Steigerung erfährt diese Haltung bei Johann Gottlieb Fichte. Nach ihm besitzt das autonome Subjekt ein „ursprüngliches Zueignungsrecht auf den gesamten Erdboden". Der Mensch, das Ich „setzt ursprünglich schlechthin sein eigenes Sein", schreibt er. Mehr noch, Fichte leugnet eine vom Ich unabhängige Realität, und so wird in der Tat die Welt zum Werk des Ichs. Bei Georg W. F. Hegel wird die Natur gar zum verlorenen Eigentum des Geistes, der seine Freiheit erst dadurch gewinnt, daß er sie sich im Begreifen wieder zu eigen macht. Das ist die Geburt des Begriffs der

Entfremdung. Wir wollen in die geistigen Wolken dieser idealistischen Spekulationen nicht weiter nachsteigen. Doch soviel haben wir gesehen: Die Emanzipationsphilosophie ist eine technizistische Kopfgeburt. Der historische Fortschritt wird immerzu im Zusammenhang mit der Herrschaft der Vernunft über die Natur gedacht.

Romantischer Protest und frühsozialistische Erbaulichkeiten

In der Französischen Revolution wurden erstmals in Europa Teile der progressiven Emanzipationsideologie verwirklicht. Zugleich wurden aber auch ihre Auswüchse sichtbar: Der Terror des „Wohlfahrtsausschusses", die Tatsache, daß die Sozialstruktur vor und nach der Revolution im wesentlichen identisch geblieben und nur die Herrscher gewechselt hatten, worauf vor allem Georges Sorel aufmerksam gemacht hat.

Die Französische Revolution hatte den Nullpunkt der Geschichte proklamiert, von dem aus neu zu beginnen sei. Der Revolutionskalender erklärte alle bisherige Geschichte zur Vorgeschichte der Revolution. Die Dekade sollte die Wocheneinteilung ablösen, die Arbeitsproduktivität erhöhen und den Sonntag, den Ruhetag und religiösen Bezugspunkt, zum Verschwinden bringen. Als soziales Steuerungsmittel repräsentiert die Kalenderreform den aufklärerischen Mythos der völligen Plan- und Machbarkeit, der die Gesellschaft der Vernunft unterwerfen will, um sie dadurch leichter beherrschen zu können. Dagegen wandte sich auf der einen Seite der reaktionäre Konservativismus, der die positiven Seiten der Aufklärung nicht akzeptieren

und auf seine Privilegien nicht verzichten wollte. Dagegen regte sich auf der anderen Seite schon früh der romantische Protest. Die Romantik wollte die Einzigartigkeit und die Vielfalt der Kulturen bewahren (Herder), die ihren Wert in sich tragen und nicht als Abweichung von einer universalen, fiktiv-konstruierten Norm zu begreifen sind. Sie wollte keine homogene, egalisierte, kalte und uniforme Welt mit wachsender Entfremdung.
Darüber hinaus hielt die Romantik die Versprechungen der Progressiven für grundsätzlich uneinlösbar, deren Verwirklichung würde eher zum entgegengesetzten Ergebnis führen: Die politische Freiheit der Demokratie entarte demnach zur Diktatur der Mehrheit bzw. des Wohlfahrtsausschusses. Die postulierte Gleichheit begünstige die Klassenherrschaft der Reichen. Die Ideologie der Brüderlichkeit bringe in Wahrheit eine neue Konfessionalisierung und die Gefahr des permanenten Bürgerkriegs. Der Rationalismus, die Autonomisierung und die Zerstörung von Sitte und traditionellen Bindungen (Familie, Dorfgemeinschaft) führen zur Sinnlosigkeit und Einsamkeit. Der Hedonismus mit seiner Fixierung auf Konsum und Luxus könne das Leiden und den Tod nicht aus der Welt schaffen. Die Jagd nach dem individuellen Glück ende in einer egoistischen, amoralischen Gesellschaft, in der „jeder sich selbst der Nächste ist".
Freilich konnten Romantiker wie de Maistre, Novalis, Adam Müller und Blake den Prozeß der Industrialisierung nicht aufhalten. Immerhin versuchten sie, seine negativen Folgewirkungen aufzufangen, indem sie der abstrakten Rationalität das sinnlich-empfindsame Subjekt entgegenstellten. Adam Müller appellierte an das Zusammengehörigkeitsgefühl in einem starken Staat, an den Gemeinsinn, der von keinem reinen Nützlich-

keitsdenken erreicht werden könne, und gegen die fortschreitende gesellschaftliche Differenzierung und Vereinzelung. Der allgemeinen Verflachung und Entfremdung des Lebens wollte man mit der subjektiven Innerlichkeit und mit der Flucht ins Private begegnen. Die Romantiker entwerteten die politischen Verhältnisse der Gegenwart, indem sie die Vergangenheit verklärten. Sie ästhetisierten die „heile“ Welt der Vergangenheit und trafen damit die Stimmung vieler Menschen, die aus ihren früheren Lebensverhältnissen entwurzelt worden waren und denen die kalte Rationalität und Effizienz des expandierenden Industriesystems keine neue Heimat geben konnte.

Das Elend der Arbeiterschaft und die desolaten Arbeits- und Wohnverhältnisse der Unterschichten zeigten, daß der Kapitalismus sein eigenes Versprechen der Harmonie und des Wohlstandes nicht einlösen konnte. Der erhoffte Aufstieg fand für viele nicht statt. Der ehemalige Kleinbauer, der in die Stadt übergesiedelte Landarbeiter und Tagelöhner wurden zum verachteten Proletariat. Ihr Zorn entlud sich in Maschinenstürmerei, doch blieb er erfolglos. Eine Allianz zwischen rebellierenden Unterschichten und romantischer Politik scheiterte an den realpolitischen Interessen der Oberschicht, die sich nun immer mehr aus Altkonservativen und Liberalen zusammensetzte, denen die Forderung nach politischer Gleichheit zu gefährlich und jene nach sozialer Gleichheit existenzbedrohend erschien.

Während sich das saturierte Bürgertum auf dem Erreichten zurücklehnte, gab es noch andere, die den Egoismus, die Geldherrschaft und das Los der Armen beklagten: die Frühsozialisten. Sie waren der Ausdruck der Enttäuschung, daß die Revolution, die im Namen der Menschheit, der Freiheit, Gleichheit und

Brüderlichkeit aufgetreten war, die einen reich und die anderen arm gemacht hatte. Bei den Frühsozialisten potenzierte sich gleichsam aus Enttäuschung der erbauliche Gehalt der emanzipativen Fortschrittsidee: Babeuf verhieß eine „Republik der Gleichen"; Maréchal glaubte an die Vollendbarkeit der Geschichte; Saint-Simon konstruierte eine technokratische Sozialutopie, geleitet von einer Priesterherrschaft der Intellektuellen; Fourier phantasierte von Kommunen-Projekten; Owen glaubte: „In guter Umwelt werden die Menschen gut . . ." usw. Die frühsozialistischen Phantasien sollen hier nicht im einzelnen ausgebreitet werden. Uns interessiert, was sie gemeinsam haben: Der Fortschritt der Menschheit zu mehr Gleichheit, Freiheit und Brüderlichkeit ist in allen frühsozialistischen Sozialutopien eng mit der Entfesselung von Technik und Überflußproduktion verbunden. Die Erlösung fällt gleichsam mit dem Fortschritt von Wissenschaft und Technik zusammen.

Karl Marx und Friedrich Engels waren die Ideen der Frühsozialisten sympathisch. Sie lobten deren materialistische Anschauungen und begeisterten sich für den Kommunismus. Doch die Frühsozialisten waren ihnen zu schwärmerisch, zu utopisch. Sie teilten mit ihnen das Ziel: das totalindustrialisierte Schlaraffenland; ihr Hauptinteresse galt jedoch dem revolutionären Weg dorthin. Aus geschichtsphilosophischen Spekulationen leiteten die beiden den Glauben ab, daß die Geschichte zwangsläufig auf den Kommunismus als Endzustand zulaufe. Ausdrücklich stellten sich Marx und Engels in die Traditionslinie der bürgerlichen Revolution und des Emanzipationsgedankens. Scharf wandten sie sich gegen die liberale Bourgeoisie, der sie Verrat an den eigenen Werten vorwarfen, und erst recht kritisierten sie die konservative Romantik, die ihnen

restlos reaktionär vorkam, wenn sie auch einige ihrer Gedanken indirekt aufgriffen.
Die Marxisten hielten weiterhin stur am industriellen Fortschritt fest, dessen Leidtragende jedoch gerade ihre politischen Adressaten, die Arbeiter, waren. Aber sie machten der Arbeiterschaft den industriellen Fortschritt insofern schmackhaft, als sie das Proletariat selbst zum revolutionären Subjekt erklärten, dem einmal die Früchte der industriellen Revolution in den Schoß fallen würden. Die Bourgeoisie vermehre gerade durch die Industrialisierung das Proletariat und entmachte sich in der Folge selbst: „Sie produziert vor allem ihren eigenen Totengräber. Ihr Untergang und der Sieg des Proletariats sind gleich unvermeidlich." – „Das Proletariat wird", so fordern es Marx und Engels, „alle Produktionsinstrumente in den Händen des Staates, d. h. des als herrschende Klasse organisierten Proletariats, zentralisieren und die Masse der Produktionskräfte möglichst rasch vermehren."

Marxistischer Fortschrittsglaube

Nun war es keineswegs so, daß alle Zeitgenossen von Marx „zutiefst vom Fortschrittsoptimismus der industriekapitalistischen Gesellschaft geprägt" waren, wie Iring Fetscher behauptet. Die damaligen Konservativen lehnten sich gegen die Kosten des Fortschritts auf. Wilhelm Riehl, Ludwig Klages, Ernst Rudorff bekämpften die Umweltzerstörung und traten als erste für den Naturschutz ein. „Wo seid ihr meiner Heimat Wälder! Ach!/Ein Opfer der Gewinnsucht fället Ihr/ Von der Kultur erbarmungsloser Axt", dichtete Hoffmann von Fallersleben. Justus Möser, Jeremias Gotthelf, Peter Rossegger und Ludwig Ganghofer beschrie-

ben und beklagten den Untergang der bäuerlichen Kultur und entwarfen das Gegenbild einer bäuerlichen Romantik. Die Kritik an einer die alten Werte ablösenden, allmählich sich entfaltenden konsumorientierten Mentalität, an dem durch Maßlosigkeit, Kurzsichtigkeit, Manipulation und innere Hohlheit charakterisierten Wegwerfmenschen, hier wurde sie von Konservativen erstmals geäußert.
Marx und Engels haben über die negativen Folgen der Totalindustrialisierung in sozialer wie ökologischer Hinsicht kaum nachgedacht. Ihr Ziel war eine industrialisierte Überflußgesellschaft, die am vernünftigsten und rationalsten durch die „Diktatur des Proletariats" hergestellt werden sollte. Die „Entfremdung" sollte einerseits durch Fortschreiten der Automatisierung und andererseits durch einen rein rationalen Rechtsakt aufgehoben werden: die Beseitigung des Privateigentums. Dieselben technizistischen Arbeitsbedingungen des Kapitalismus von früher würden nach der Verstaatlichung auf einmal zu paradiesischen Zuständen mutieren. Fabriken im Privateigentum werden als schlecht, im Kollektiveigentum auf einmal als gut qualifiziert. Aber kommt nicht aus allen Rauchfängen der gleiche Dreck?
Im „Kommunistischen Manifest" haben Marx und Engels die kolossale Produktionskraft des Kapitalismus gelobt: „Unterjochung der Naturkräfte, Maschinerie, Anwendung der Chemie auf Industrie und Ackerbau, Dampfschiffahrt, Eisenbahnen, elektrische Telegraphen, Urbarmachung ganzer Weltteile, Schiffbarmachung der Flüsse, ganze aus dem Boden hervorgestampfte Bevölkerungen — welches frühere Jahrhundert ahnte, daß solche Produktionskräfte im Schoße der gesellschaftlichen Arbeit schlummerten?"
Und Marx und Engels haben zur Verwirklichung ih-

rer utopischen Pläne neben der Verstaatlichung eine ganze Liste von „Maßregeln“ parat: „Zentralisation allen Transportwesens in den Händen des Staates. Vermehrung der Nationalfabriken, Produktionsinstrumente, Urbarmachung und Verbesserung der Ländereien nach einem gemeinschaftlichen Plan. Gleicher Arbeitszwang für alle, Errichtung industrieller Armeen, besonders für den Ackerbau. Vereinigung des Betriebs von Ackerbau und Industrie. Hinwirken auf die Beseitigung des Unterschieds von Stadt und Land.“ Von idyllischer Landkommune ist hier ebensowenig die Rede wie vom biologischen Landbau. Vergleicht man das Kommunistische Manifest mit dem liberalen Gegenmanifest „The Stages of Economic Growth“ des Ökonomen Walt Rostow, das den Untertitel „A Non-Communist Manifesto“ trägt und das 1960 herauskam, so sind selbst heute die technizistisch-industriellen Gemeinsamkeiten nicht zu übersehen: Naturbeherrschung, Produktivitätsfortschritt, Wirtschaftswachstum und Überfluß.

Während sich der liberale Rostow, der natürlich für eine pluralistische und demokratische Gesellschaftsordnung plädiert, auf die Erhaltung des Wirtschaftswachstums konzentriert, will Marx die Emanzipation des Menschen auf allen Ebenen vollenden. Der historische Materialismus gab der Nationalökonomie erst ihren hervorragenden Stellenwert. Alles soll geplant werden. Nichts bleibt mehr dem Zufall überlassen. Die Gesellschaft und die Wirtschaft werden von einer zentralen Planungsbürokratie erfaßt und von einem Netz funktionaler Bürokraten überzogen.

Alle Völker sollten in diesen Prozeß der Vervollkommnung mit einbezogen werden. Turgot, Condorcet, Comte und Kant hatten schon gefordert, die Entwicklungsungleichheiten zwischen den Völkern zu egalisieren, die Gleichzeitigkeit des Ungleichzeitigen allmählich zu beseitigen und den Unterschied zwischen den rückständigen Wilden und den zivilisierten Europäern auszugleichen. Für Condorcet schien es gewiß, daß eine gleichmäßige Erziehung alle Sprachbarrieren beseitigen werde, und die Aufklärer selbst, die Intellektuellen, zur Regierung gebeten würden. Der Marxismus radikalisiert auch in diesem Punkt die Zerstörung der kulturellen Herkunftswelt. Friedrich Engels wollte denn auch mit den kleineren Völkern — namentlich den Tschechen, Serben, Bulgaren, Bretonen, Basken — kurzen Prozeß machen: „Es ist kein Land in Europa, das nicht in irgendeinem Winkel eine oder mehrere Völkerruinen besitzt, Überbleibsel einer früheren Bewohnerschaft, zurückgedrängt und unterjocht von der Nation, welche später Trägerin der geschichtlichen Entwicklung wurde. Diese Reste einer von dem Gang der Geschichte, wie Hegel sagt, unbarmherzig zertretenen Nation, diese Völkerabfälle werden jedes Mal und bleiben bis zu ihrer gänzlichen Vertilgung oder Entnationalisierung die fanatischen Träger der Conterrevolution, wie ihre ganze Existenz überhaupt schon ein Protest gegen eine große geschichtliche Revolution ist . . . Der nächste Weltkrieg wird nicht nur reaktionäre Klassen und Dynastien, er wird auch ganze reaktionäre Völker vom Erdboden verschwinden machen. Und das ist auch ein Fortschritt.“ Ob Stalin die beiden kommunistischen Kirchenväter wirklich nur falsch verstanden hat? Der Marxismus enthält als Zielsetzung, letztlich alle Nationen, Traditionen und natürlichen Bindungen zu zerschlagen, um auf dem verbliebenen Schutt ein klassenloses, individualisiertes Kollektiv zu errichten. Das ist eine Metaphysik, die die gesamte Wirklichkeit, Mensch und Natur, nur noch als Kunstprodukt verstehen kann.

Sein destruktiver Wille zur radikalen Zerstörung aller Herkunftswelten hinderte Marx nicht, die klassenlose Gesellschaft als paradiesischen Endzustand anzupreisen. Dabei bewies er wenig Phantasie, denn mehr als eine müßiggängerische Überflußgesellschaft, in der „jeder nicht einen ausschließlichen Kreis der Tätigkeit hat, sondern sich in jedem beliebigen Zweige ausbilden kann", fällt ihm nicht ein. Das Marxsche „Reich der Freiheit beginnt in der Tat erst da, wo das Arbeiten, das durch Not und äußere Zweckmäßigkeiten bestimmt ist, aufhört".
Fourier hatte sich noch die Mühe gemacht, seinem sozialistischen Traumland Farbe zu geben. Dort werden die Schiffe von Fischen gezogen, alle Menschen werden zwei Meter groß und 144 Jahre alt, und unter ihnen werden nicht weniger als 37 Millionen Dichter und Denker leben. Marx war klug genug, solche Albernheiten wegzulassen, und beschränkte seine Vision auf ein eher farbloses Reich der Beliebigkeiten, wo jeder die Möglichkeit hat, „heute dies, morgen jenes zu tun, morgens zu jagen, nachmittags zu fischen, abends Viehzucht zu treiben, nach dem Essen zu kritisieren", wie er gerade Lust habe, „ohne je Jäger, Fischer, Hirt oder Kritiker zu werden". Dann erst gelte der berühmte Grundsatz: „Jeder nach seinen Fähigkeiten, jedem nach seinen Bedürfnissen."

Die Maschine als Erlöser der Menschheit

Von der Vision der Überfluß- und Wegwerfgesellschaft wollen auch die Neomarxisten von Herbert Marcuse bis Ernest Mandel nicht lassen. Die Kommunisten, schreibt Mandel, erachten „den Güterüberfluß als notwendige Voraussetzung für eine vollentwickelte sozialistische Gesellschaft. Die neue Lebensweise kann nur ein Ergebnis der neuen Produktionsweise und Distributionsweise sein. Es geht nicht darum, sozialistische Moral zu predigen. Es gilt vielmehr, die gesellschaftlichen, psychologischen und materiellen Voraussetzungen zu schaffen, damit sich diese Moral als etwas Selbstverständliches ergibt und die große Mehrheit nach ihr lebt.“ Die Vollautomation macht gewissermaßen die Moral überflüssig. Mandel hat auch die Marxsche Agraridylle aktualisiert. Nun sollen die emanzipierten Menschen nicht nur gleichzeitig Jäger, Fischer, Hirten oder Kritiker sein, sondern „gleichzeitig Mediziner und Architekt, Maschinenkonstrukteur und Kernphysiker“. Wer würde nicht einsehen, daß es diese vollentwickelten Menschen im Leben leichter hätten? Bei einem Autounfall könnte derselbe Sozialtechniker nacheinander das Unfallopfer operieren und dann das Unfallauto reparieren ...

Das ist eben das Dilemma der totalen Freiheit und Disponibilität (die in Wahrheit nur eine Variation des idealen Marktes ist): Um total frei sein zu können, muß man alles wissen und können, muß man allmächtig sein. Marx hat denn auch die Theorie des emanzipierten Menschen bis ins letzte ausgereizt. Nur der gottgleiche Mensch könne souverän sein: „Ein Mensch, der von der Gnade eines anderen lebt, betrachtet sich als ein abhängiges Wesen. Ich lebe aber vollständig von der Gnade eines anderen, wenn ich ihm nicht nur die Unterhaltung meines Lebens verdanke, sondern wenn er noch außerdem mein Leben geschaffen hat, wenn er der Quell meines Lebens ist, und mein Leben hat notwendig einen solchen Grund außer sich, wenn es nicht meine eigene Schöpfung ist.“ Marx hat uns nicht die Lösung des Problems verraten, wie die Eltern vor der Zeugung eines „autonomen Subjekts“ die Einwilligung von demselben einzuholen vermöchten. Immerhin ist es allerhand und das höchste Maß an Fremdbestimmung, wenn man nicht einmal gefragt wird, ob man denn überhaupt auf die Welt kommen will!

Liest man heute etwa die phantastischen Entwürfe von Leo Trotzki, dem Begründer der Roten Armee und einem der geistigen Nestoren der Neuen Linken, dann meint man, schlechte sience fiction vor sich zu haben, erkennt jedoch zugleich, daß die marxistischen Allmachtsträume ernst gemeint sind. Der Mensch wird nach Trotzkis Visionen lernen, „Flüsse und Berge zu versetzen, Volkspaläste auf der Spitze des Montblanc und auf dem Grund des Atlantiks zu errichten, . . . Und das Menschengeschlecht wird doch nicht damit aufhören, vor Gott auf allen Vieren zu kriechen, vor Zaren und dem Kapital, um sich dann demütig vor den dunklen Gesetzen der Vererbung und der blinden geschlechtlichen Auslese zu verneigen!“ Trotzki entblödet sich nicht zu behaupten, daß im Kommunismus eine höhere Stufe des Menschseins, ein „höherer gesellschaftlich-biologischer Typus“, ein „Übermensch“ erreicht sein wird: „Der Mensch wird unvergleichlich stärker, klüger, subtiler sein. Sein Körper harmonischer, die Bewegungen rhythmischer, die Stimme musikalischer, die Formen der Lebensweise werden sich eine dynamische Schönheit aneignen. Der durchschnittliche Menschentyp wird sich auf das Niveau eines Aristoteles, Goethe, Marx erheben. Über diese Gebirgskette werden die neuen Gipfel emporragen.“

Verständlich, daß der Gott, den die Kommunisten anbeten, die Maschine ist. Der Schwiegersohn von Karl Marx, Paul Lafargue, geht in seinem Buch „Lob der

Faulheit" über Marx hinaus, weil er das Menschsein nicht mehr allein auf die Arbeitsfähigkeit gründet, sondern auf Lust und Faulheit. Wir müssen begreifen, schreibt Lafargue, „daß die Maschine der Erlöser der Menschheit ist, der Gott, der den Menschen von den sordidae artes und der Lohnarbeit loskaufen, der Gott, der ihnen Muse und Freiheit bringen wird".

In welche Sackgassen sich progressive Gesellschaftskonzepte verirren können, veranschaulicht die kommunistische Praxis. Lenin sprach von der Anwendung „großkapitalistischer Technik" und von der Umwandlung der Gesellschaft „in eine einzig große Maschine . . ., die so arbeitet, daß sich Hunderte Millionen Menschen nach einem Plan richten". Die wirtschaftlichen Produktionsleistungen werden in der Sowjetunion wie religiöse Feste gefeiert, und das Volk kann froh sein, wenn die technizistische Tonnenideologie als Abfallprodukt den Gulasch-Kommunismus abwirft, dessen Speisezettel allerdings sehr kurz ist.

Dieser kurze Gang durch die Geschichte progressiven Denkens will zweierlei zeigen: einmal die untrennbare Verstrickung des emanzipativen Autonomieideals mit der Naturbeherrschung und -ausbeutung, zum anderen den fundamentalen ethischen Wandel der Neuzeit, der, wie Arnold Gehlen in Anlehnung an Götz Briefs ausführte, in der „Ethisierung des Ideals des Wohllebens" besteht: „Nicht die bloße Abweisung von Not und Leiden, sondern das Erfüllungsglück selbst, das Wohlhaben und Wohlleben werden hier zu Sollforderungen erhoben, und für jede Beeinträchtigung solcher Forderungen finden sich zurechenbare, haftbare Instanzen, die mit Empörung gemißbilligt werden." Der Staat wird zum Adressaten dieser Erfüllungswünsche und die Politik der Idee nach zu einer Technik des Glücks. Nun hat das progressive Ethos erst allmählich die prallen Formen des Lustprinzips angenommen, wovon gleich noch die Rede sein wird. Erst mußten christlich-asketische Traditionen und staatliche Inpflichtnahmen überwunden werden, bevor alle möglichen Bindestrich-Sozialismen um die Rolle des Fürsprechers der Armen und des Wohltäters rivalisierten. An der Wiege der Moderne hatte der Kapitalismus gestanden, der seine Kraft aus zwei Wurzeln zog: der protestantischen Arbeitsethik (Max Weber) und dem Erwerbssinn (Werner Sombart). Leistung, nicht erbliche Privilegien, sollte über den gesellschaftlichen Aufstieg entscheiden. Die Tugenden Fleiß, Nüchternheit, Mäßigung, Selbstdisziplin und Gottgefälligkeit verhalfen zum Erfolg, der umgekehrt zum Beweis für den Besitz dieser Tugenden wurde. Der Puritaner legte dabei den Akzent weniger auf den Reichtum an sich als mehr auf den gesellschaftlichen Nutzen der Arbeit. Wenn alle tüchtig zupacken, dann gebe es weniger Elend, und auch den Schwachen könne besser geholfen werden. Arbeit wurde in dieser sehr auf Tugend bedachten Zeit zum Selbstzweck.

Gegen Ende des 19. Jahrhunderts ist diese asketische Arbeitsethik individualisiert worden. Die persönliche Verbesserung durch Leistung, die Selbstverwirklichung durch pures Geldverdienen, das Schielen nach Erfolg und Anerkennung besonders in den Augen anderer haben sie abgelöst. Das übertriebene Konkurrenzdenken, das gerade in Amerika so absurde Blüten wie das „Guinness-Buch der Rekorde" treibt, verstärkt die Neigung zur Selbstdarstellung.

Und heute, wo die harten Entstehungsbedingungen des Kapitalismus längst dem Treibhausklima der Wohlstandsgesellschaft gewichen sind, leben wir nun immer noch in einer Leistungsgesellschaft? „Was sind denn die Ideale der Gesellschaft?", fragte der konservative Publizist Ludolf Herrmann. „Schauspieler, Schlagersänger, Playboys, Fußballspieler, die Schickeria, Alt- und Neureiche – im wesentlichen doch Leute, bei denen Leistung für die Gesellschaft und öffentliche Wertschätzung in keinem günstigen Verhältnis zueinander stehen." Die heute vorherrschende hedonistische Sozialmoral kann ihre Ursprünge also keineswegs auf die asketischen Grundlagen des Kapitalismus zurückführen. Auch wenn die Produktionserfolge des Kapitalismus letztlich der Konsumkultur die Basis gegeben haben, ist die Entfaltung der sozial-kulturellen Permissivität, so die bekannte These Daniel Bells, dem Modernismus der Avantgarde zuzuschreiben, die mit der Bevorzugung des Individuellen, Originellen, Experimentellen und Ästhetischen „für die Auflösung der bürgerlichen Weltanschauung" (Bell) verantwortlich ist.

Keineswegs haben auch die frühsozialistischen Utopien ausschließlich Annehmlichkeiten des Schlaraffenlandes propagiert, obwohl die Lustkultur in ihren Erlösungs- und Heilsversprechen angelegt ist. In Thomas Morus' „Utopia" (1516) sind alle Staatsbürger zur Arbeit verpflichtet, es gibt zwar keine Armut, allerdings auch keinen Luxus und kein Privateigentum. Ohne harte Arbeit in der Landwirtschaft und einen straff organisierten Staat kommt ebenfalls Campanellas „Sonnenstaat" (1623) nicht aus. Und für Rousseau sind es Bedürfnislosigkeit und Selbstbeherrschung, die den Wilden im Gegensatz zum Zivilisationsmenschen adeln. In seinen Augen versklavt das Bedürfnis nach mehr den Menschen an seine Leidenschaften, und für Rousseau stellt sich zivilisatorische Verworfenheit dann ein, wenn der Mensch die Kontrolle über sich selbst verliert. Die ausgesprochene Neigung vieler utopischer Sozialisten zum Asketismus ist erst von Marx und Engels kritisiert worden, die Beschränkungen künftighin für überflüssig hielten, war doch für die beiden Moral nur abhängig vom Grad der ökonomischen Versorgung und keine eigenständige menschliche Eigenschaft.

In der Philosophie der Aufklärung herrschte im allgemeinen der Glaube an die Vernunft als ein Feind der Triebe vor. Realisten — wie Denis Diderot — gingen davon aus, daß jeder Mensch Leidenschaften besitze, sie aber durch seine Vernunft zu beherrschen weiß. Diderot verfiel dabei weder in das eine Extrem der Vernunftgläubigkeit noch in das andere der Anbeter der Leidenschaften. Heute wieder aktuell sind die Überlegungen, die Diderot in der „Enzyklopädie" dem Thema „Luxus" gewidmet hat. Er rechtfertigte darin die ökonomischen Interessen der aufstrebenden Bourgeoisie im Kampf gegen die dogmatischen Theologen und die skeptischen Moralisten seiner Zeit und entwickelte eine am Gemeinwohl orientierte Theorie des „statthaften Luxus". Diderot wiegt in diesem Artikel alle Argumente für und wider den Luxus ab. Der Luxus könne die Sitten verfeinern, aber auch korrumpieren, das Glück vermehren, aber auch die soziale Ungleichheit vergrößern. Er kommt zu dem Schluß, „daß der Luxus nicht die Ursache für den Untergang oder die Blüte der Reiche und der Charakter gewisser Völker gewesen sein kann". Es komme vielmehr darauf an, ob der Luxus und die Leidenschaften, die zum Luxus führen, „dem Geist der Gemeinschaft und dem Wohl der Gemeinschaft untergeordnet" sind oder nicht. Das Streben nach Eigentum und Luxus sei ein allgemein menschliches Verlangen. Sollen die Bürger fleißig sein, dann „müssen sie Aussicht auch darauf haben, daß ihnen ihre Arbeit ein angenehmes Dasein verschaffen wird. Sie müssen auch den Wunsch nach

einem solchen Dasein haben. Entmutigte Völker begnügen sich mit dem Allernotwendigsten." Es sei falsch, meinte Diderot, den Luxus einseitig zu loben oder zu tadeln. Für Diderot gibt es einen „statthaften Luxus": „Wird die Verwendung des Reichtums durch den patriotischen Geist bestimmt, so läßt sie sich nicht von niedrigen persönlichen Interessen und falschen oder albernen Genüssen beschränken: dann steht der Luxus nicht im Widerspruch zu den Pflichten eines Vaters, eines Gatten, eines Freundes, eines Menschen." Dagegen arte der Luxus immer aus, „wenn die Privatleute ihrer Prunksucht, ihrer Bequemlichkeit und ihren Launen die eigenen Pflichten oder die Interessen der Nation opfern."
Die Interessen der Nation kreisten damals, von der politischen und kulturellen Selbstbehauptung einmal ganz abgesehen, um die Überwindung der Armut, des Elends, des Hungers, der Knappheit der Güter und des Unterschieds zwischen Arm und Reich. Könnte heute nicht in jenen Nationen, die im Überfluß leben, die Sorge um die Erhaltung der Natur, das Maßhalten mit nicht regenerierbaren Rohstoffen und die Sicherung einer lebenswerten Umwelt auch für künftige Generationen zu einem neuen „Interesse der Nation" werden? Eine Nation könnte doch mit Recht darauf stolz sein, über den besten Sicherheitsstandard bei großtechnischen Anlagen, über hervorragende Luftreinhaltegesetze oder über eine gut funktionierende Arzneimittelkontrolle zu verfügen?

Das Ende progressiver Ideologie: Die Lustkultur

Für den Nachkriegs-Neomarxismus ergab sich durch die Erfahrungen mit dem Sowjetkommunismus, dem

Faschismus und durch die Tatsache, daß sich die Marxsche Verelendungstheorie nicht bewahrheitet hatte, eine neue Situation. Wie bringt man in eine träge Wohlstandsgesellschaft revolutionären Schwung? Hohe Wachstumsraten versprachen gerade in den sechziger Jahren, daß es mit der Konjunktur weiter aufwärts gehe. Mit marxistischer Ökonomie war kein Staat mehr zu machen. Herbert Marcuse, der Haupttheoretiker des Lustprinzips, stellte sich auf den wirtschaftlichen Erfolg des Kapitalismus ein. Er hoffte auf eine „neue Technik", die das menschliche Dasein mühelos mache: „Unter den Idealbedingungen einer reifen Industriekultur würde die Entfremdung durch umfassende Automatisierung der Arbeit, äußerste Einschränkung der Arbeitszeit und Austauschbarkeit der Funktionen vollständig sein."

In Sachen wirtschaftlicher Effizienz und persönlicher Freiheit ist der Westen der marxistischen Planvernunft des Ostens allerdings haushoch überlegen. Aber Marcuse läßt sich nicht bekehren. Als Marxist möchte er nicht auf die emanzipativen Erbaulichkeiten verzichten. Sein Bannstrahl trifft die zweifelsohne auch hierzulande weiter existierenden hierarchischen und bürokratischen Zwänge. Von einer repressionsfreien Gesellschaft kann keine Rede sein. Hier setzt Marcuse an. Die Klassengegensätze würden sich erst dann aufheben, wenn der reglementierende Charakter der Kultur verlorengeht. Marcuse sondiert die Möglichkeiten der Überflußgesellschaft neu. Die westliche Wohlstandsgesellschaft habe ein Stadium erreicht, in dem ein solcher Reichtum herrscht, daß die Individuen entlastet werden könnten. Sie müßten sich von der „repressiven Arbeitsmoral" und den „falschen" Bedürfnissen befreien. Diese Philosophie paßte gut auf die neu entstehende Jugendbewegung, die der sprichwört-

lichen Arbeitswut ihrer Eltern nicht mehr folgen wollte.
Marcuse hatte zudem eine neue Anthropologie zu bieten, die er aus Elementen der Freudschen Trieblehre zusammensetzte: Demnach lebte der freie Mensch ursprünglich in vollkommener Lust, sein Unterbewußtsein wurde angeblich vom Lustprinzip bestimmt. Nach Freud entsteht Kultur jedoch erst durch die Unterdrückung des Lustprinzips: durch Triebverzicht. Kultur beginnt dort, wo auf die vollständige Befriedigung von Bedürfnissen verzichtet wird. Die Vernunft diktiert das Realitätsprinzip, sie bestimmt den Wandel von augenblicklicher zu aufgeschobener Befriedigung, von der Lust zur Lustenthaltung, von Freude und Spiel zu Mühe und Arbeit, von Geben und Nehmen zur Produktivität und vom Fehlen jeglicher Unterdrückung zum Streben nach Sicherheit. Das Realitätsprinzip verlangt die Anpassung an die wirklichen Daseinsbedingungen und unterdrückt das Lustprinzip, das die uneingeschränkte sexuelle Lustbefriedigung zur wichtigsten Voraussetzung für das individuelle Glück macht. „Das Motiv der menschlichen Gesellschaft für die Erzwingung der entscheidenden Modifizierung der Triebstruktur ist also im letzten Grund ein ökonomisches; da sie nicht genug Lebensmittel hat, um ihre Mitglieder ohne deren Arbeit zu erhalten, muß sie die Anzahl ihrer Mitglieder beschränken und ihre Energien von der Sexualbetätigung weg auf die Arbeit lenken (Freud)“, schreibt Marcuse. Aber das müßte nicht so bleiben. Wenn erst einmal die vollautomatisierte Überflußgesellschaft sichergestellt sei, dann gelte es nur noch, jene humor- und lustlosen Kulturautoritäten zu demontieren, die der Menschheit den Spaß mißgönnen. Und damit könne sofort begonnen werden: durch Verweigerung falscher Bedürfnisse

und Leistungsanforderungen. Entledige sich der Mensch aller Spannungsaufschübe und ließe dagegen den Trieben restlos freien Lauf, dann entstehe von ganz allein ein friedliches Hippieparadies auf Erden. Das hemmungslose Ausleben der Sexualität beseitige jede Neigung zur Aggression, zu Haß, zu Verzweiflung und Krieg. Der genitale Charakter reguliert sich selbst.

Die mit Marcuses Thesen korrespondierende Orgasmustheorie von Wilhelm Reich, des zweiten Hauptstreiters für Sexualität und Klassenkampf, ist die neomarxistische Neuauflage des Rousseauschen edlen Wilden. Der Mensch ist gut, seine freigesetzten Triebbedürfnisse gestalten das Zusammenleben gewaltlos, aggressionsfrei und harmonisch: „Die Beherrschung etwa noch vorhandener asozialer Impulse gelingt mit Leichtigkeit unter der Bedingung der Befriedigung der genitalen Grundbedürfnisse. Das zeigt sich auch im praktischen Verhalten des orgastisch potent gewordenen Menschen. Käuflicher Geschlechtsverkehr wird eine Unmöglichkeit; vorhandene Lustmordphantasien verlieren ihre Kraft und Bedeutung. Einen Partner zur Liebe zu zwingen oder zu vergewaltigen, wird fremd und unausdenkbar", beschreibt Wilhelm Reich sein orgiastisches Lustparadies.

So wie Marx' klassenlose Gesellschaft mit der urkommunistischen Urgesellschaft zusammenfällt, so Reichs und Marcuses lustvolle Überflußgesellschaft mit der Urhorde. Das Lustprinzip ist der Wunsch nach intrauteriner Regression. Es ist die Flucht in das vermeintlich glückvolle mütterliche Fruchtwasser. In Reichs Zukunftsgesellschaft gibt es — wie bei Ernest Mandel — keine Notwendigkeit für individuelles Kontrollverhalten mehr: „Der Gesunde hat praktisch keine Moral in sich, aber auch keine Impulse, die eine moralische

Hemmung erfordern würden" (Reich). Das „Über-Ich", mit dem Vater, der autoritären Gesellschaft und dem Staat gleichgesetzt, sei seinem Charakter nach „reaktionär" (Marcuse).
Sigmund Freud selbst hat ganz anders darüber gedacht. Er wußte um die agonale Gefährlichkeit der Triebe. Wäre es nach ihm gegangen, hätte aus dem Es das Ich werden sollen, womit gemeint war, daß mit Hilfe der Psychoanalyse des Unterbewußtseins Verdrängungen beim Patienten aufgearbeitet würden und nicht länger der selbstbeherrschten, rationalen Lebensplanung im Wege stünden. Karl Popper hat an der neomarxistisch-psychoanalytischen Bewegung die „schauerliche Ideologie" verurteilt, nach der „alle Selbstkontrolle sexuelle Verdrängung sei ... Man braucht kaum darüber zu reden, daß, im Gegenteil, ohne sexuelle Selbstkontrolle menschliche Beziehungen unmöglich werden. Das ist einfach eine Tatsache" (Popper). Einen kindlichen Urzustand der Verantwortunglosigkeit gibt es nicht und wird es nicht geben, schon gar nicht für Erwachsene.

Das antiautoritäre Lustprinzip

Die antiautoritäre Erziehung hat versucht, das Marcusesche Lustprinzip in die Tat umzusetzen. Jede Autorität sollte zerstört, dem Kind keine Strafen oder Verbote mehr auferlegt werden. Einschränkende Normen behindern demnach das anarchistische Lustprinzip. Das Hauptproblem war natürlich, wie die konfliktträchtigen Einzelfreiheiten auf einen versöhnlichen, solidarischen Nenner gebracht werden konnten. Denn je antiautoritärer und lustintensiver die Erziehung, desto aggressiver wurden die Kleinen. Die Konfliktpädagogik trug dem Rechnung und band das hemmungslose Ausleben von Aggressivität und Angst in die emotionale Wärme der Kleingruppen ein. Dort konnte im Kleinen geprobt werden, was später dann ins Große übersetzt werden sollte. Im emanzipatorischen Rollenspiel wird die eigene Identität ständig in Frage gestellt. Die Rollenspiele zielen auf die Entgrenzung der Ich-Identität und auf die Entwicklung eines kollektiven Ichs, das unter dem Diktat vollständiger Gegenseitigkeit jedem Menschen die Bedürfnisse und Verhaltensweisen ermöglichen soll, die er selbst für sich wünscht.

Die antiautoritäre Erziehung will jeden dazu bringen, jederzeit mit jedem zum Rollentausch bereit zu sein. Damit ist jede Form der Autorität unmöglich geworden. Am radikalsten hatte dies Theodor W. Adorno formuliert: „Human sind die Menschen nur dort, wo sie nicht als Person agieren und gar als solche sich setzen; ... das Subjekt ist die Lüge ... Die Menschen, keiner ausgenommen, sind überhaupt noch nicht sie selbst. Im Kern des Subjekts wohnen die objektiven Bedingungen, die es um die Unbedingtheit seiner Herrschaft willen verleugnen muß und die deren eigene sind. Ihrer müßte das Subjekt sich entäußern. Voraussetzung seiner Identität ist das Ende des Identitätzwanges." Der wahre Mensch ist schizophren, seine Lebensform beliebig, sein Sinn die Lust.

Wenn sich auch nur wenige Exegeten der lustlosen Aufgabe unterziehen, diese fragwürdige und verschachtelte Semantik zu verdauen, und wenn es auch nicht schwer ist, diese spekulative Pseudoanthropologie etwa mit den Ergebnissen einer seriösen Wissenschaft wie der Verhaltensforschung zu widerlegen, so blieb doch die antiautoritäre Erziehung nicht folgenlos. Freilich erreichte sie nicht das, was sie sich erhofft hatte. „Ein antiautoritär erzogenes Kind", urteilt Henning Günther, „bleibt an ein archaisches Mutterideal gebunden. Es ist durch Vermeidungsängste gegenüber konfliktreichen Situationen charakterisiert. Es leidet unter massiver Trennungsangst und weicht vor den eigenen Fähigkeiten aus, ein starkes Ich zu entwickeln. Das Ich-Ideal wird mit einem Allmachtsanspruch ausgestattet, der es ungemein erschwert, Einschränkungen der Ansprüche in der Wirklichkeit zu verkraften. Das Kind neigt zu einem ausweichenden Verhalten, zur Unfähigkeit zu intensiver Beziehung zu anderen und will Situationen vermeiden, in denen es Kränkungen ausgesetzt sein könnte. In der Pubertät tritt eine parasitäre, utilitaristische und aggressive Komponente hinzu. Es kommt zur Angleichung der Geschlechtsrollen im Sinne einer Verweiblichung. Eine lebensgeschichtliche Zeitperspektive hat der Jugendliche nicht aufbauen können. Das asketisch-kapitalistische Sparsamkeitsideal hat sich ebenso wie das Prinzip des Belohnungsaufschubs verflüchtigt. Die Kommunikationsmuster zeichnen sich durch eine neue Sensibilität aus. Gegenüber dem Leistungs- und Selektionsdruck der Gesellschaft empfinden sie ein hohes Maß an Ohnmachtsgefühlen und empfinden Institutionen als anonym und verängstigend. Das verstärkt das Bedürfnis nach einem Vermeidungsverhalten gegenüber uneinsichtigen Belästigungen. Sie suchen neue Verhaltensräume in subkulturellen Kommunikationsmustern, rauschartige Erlebnisse des Selbstzerfließens, der Selbsterweiterung und des Schwebens. Gesucht wird nach der Gruppe, in der ein diffusschwimmendes Geborgenheitsgefühl entsteht."

Das Ergebnis emanzipatorischer Gesellschaftspolitik erzeugt den Narziß, der seine Verschmelzung mit einer vollkommenen Allharmonie anstrebt und, so

diese mißlingt, existenziell verzweifelt. Peter R. Hofstätter bemerkt dazu süffisant, „daß der antiautoritär erzogene Narcissus sich mit seiner Wehleidigkeit überhaupt nicht für den revolutionären Klassenkampf eignet. Dies freilich erschiene mir das Geringste seiner Defekte . . .“ Die neue Linke hat sich solcherart selbst ausgetrickst, indem sie Schulter an Schulter mit der Kultur- und Werbeindustrie die entsprechenden narzißtischen Sozialtypen für die unterschiedlichsten Sub- und Alternativkulturen gebar.
Die Beliebigkeit ist zum Leitprinzip der postmodernen Gesellschaft geworden, die sich mehr und mehr entstrukturiert und sich in ein Nebeneinander unterschiedlichster stimmungsabhängiger Lebensstilgruppen aufspaltet. Droht eine permissive Gesellschaft im kaleidoskopartigen Wechsel von Zuständen, Moden, Meinungen, Bedürfnissen und Informationen die Orientierung zu verlieren, um sich um so williger einem neuen Populismus aus Zuckerbrot und Peitsche, aus Libertinage und Dirigismus zu unterwerfen?
Die Theorie der 68er erzeugte die Theorielosigkeit und damit die Reflexionsverweigerung der Alternativbewegung, die dafür umso lieber ihre tägliche Nabelschau betreibt. Für die Linke ist diese Entwicklung doppelt bitter, denn ihr universalistischer Rationalismus steuert unbeirrt auf die emanzipierte Einheitsgesellschaft zu, doch davon will heute niemand mehr etwas wissen.
Heute wird nicht nur Abschied von der Eindimensionalität des technokratischen Fortschrittsglaubens genommen, sondern es wird zugleich die Mitverantwortung der Linken für die Hybris des Machbarkeits- und Veränderbarkeitswahns erkannt — und die Linke vermag sich nicht aus dieser Verstrickung zu lösen: Teilt sie die Ängste der Ökobewegung, dann gesteht sie das

Scheitern der sozialistischen Utopie ein und wird orientierungslos, ignoriert sie die Ängste der Ökobewegung und spielt die Gefahren herunter, dann verbleibt sie in der Fraktion der Betonierer und Wachstumsfetischisten, verliert jedoch den Einfluß auf die neuen sozialen Bewegungen. Mit deren innerer Vielfalt und konservativen Fragestellungen kann sie sich ohnehin nur schwer anfreunden.

Man mißversteht die Progressiven gründlich, wenn man ihr emanzipatives Konzept für pluralistisch hält. Die Linke weiß genau zwischen progressiven und konservativen Lebensformen zu unterscheiden. Sie ist keineswegs pluralistisch, denn sonst müßte sie unterschiedliche nationale Kulturen und deren Sitten und Wertvorstellungen oder andere Gruppen mit eigener Identität zulassen. All das verdammt sie als reaktionär. Abweichlertum war bei den Linken noch nie beliebt, selten geduldet. Die Homogenisierung kultureller Unterschiede, der Lebensbedingungen, des Gegensatzes von Stadt und Land, von eigener und fremder Kultur sind erklärtes Ziel der Moderne. Der sowjetische Totalitarismus ist nur ein Beispiel dafür.

„Die universalistische Moral ist von einer Selbstgewißheit wie sonst nur die Binnenmoral von Stammesgesellschaften", schreibt Rolf Peter Sieferle, „. . . Toleranz ist nur an relevanten Peripherien gestattet; wenn etwa Religion Privatsache ist, mag jeder glauben, was er will, oder es auch lassen, sofern er nur nicht nach diesem Glauben handelt. Und doch trägt sie einen Widerspruch in sich, der als Erbe der Romantik und des Historismus in die Aufklärung eingedrungen ist und von ihr nicht mehr getrennt werden kann: den kulturellen Relativismus." Doch der konservativ-romantische Pluralismus stößt schnell an Grenzen. „Die fremde Kultur darf nur soweit autonom sein, als sie nicht gegen die Gebote der ‚Menschenrechte' verstößt, die der Universalismus proklamiert hat. Der Konflikt zwischen Universalismus und Relativismus geht daher immer zugunsten des ersteren aus. Der Relativismus ist an Ränder verbannt, wo ihm Reservate zugewiesen werden, unter genauer Überwachung durch die aufklärerische Moral. Sein Freiheitsspielraum erstreckt sich auf abweichende Kleidung, Sprache und Nahrungsgewohnheiten — sofern sie nicht den Kannibalismus einschließen!" (Sieferle).

Das „Projekt der Moderne" läßt die Zugehörigkeit des Individuums zu einer partikularen Gruppe nicht zu: „Denn nach universalistisch zu rechtfertigenden Normen lassen sich bestimmte Gruppen von identitätsbildender Kraft (wie Familie, Stadt, Staat oder Nationen) nicht mehr privilegieren. An die Stelle der eigenen Gruppe tritt vielmehr die Kategorie des ‚anderen', der nicht länger durch seine Nicht-Zugehörigkeit als ein Fremder definiert ist, sondern für das Ich beides in einem ist: absolut gleich und absolut verschieden, nächster und fernster in einer Person", präzisiert der bekannteste Linke Deutschlands, Jürgen Habermas, die egalitäre Einheitsgesellschaft. In dieser merkwürdigen Welt des ewigen Rollenwechsels bleibt für das eigentliche Leben kein Platz: „Das Ich ist absolut allgemeines und ebenso unmittelbar absolute Vereinzelung" (Habermas). Das utopische Bild eines Kollektivs autonomer Subjekte ist heute nur mehr in der Sprache des Absurden beschreibbar. Interessanterweise wird jedoch gerade dieser progressive Sozialcharakter, wo er in ersten Umrissen in den Zentren der Moderne aus dem Asphalt anonymer Großstädte das Licht der Welt erblickt, von einer kulturkritischen Linken verworfen: „Einerseits wird der einzelne", schreibt Ulrich Beck über die wohlfahrtsstaatliche Massendemokra-

tie, „immer mehr aus Bindungen und Versorgungsbezügen herausgelöst und ist zur Sicherung seiner Existenz auf sich selbst und sein persönliches Arbeitsmarktschicksal verwiesen. Andererseits wird er zugleich in der Sicherung seiner privaten Existenz immer nachdrücklicher und offensichtlicher von Verhältnissen und Regulierungen abhängig, die sich seinem Zugriff vollständig entziehen ... Noch nie war die individuelle Existenz so wenig individuell-autonom zu führen wie heute, wo die Individualisierung am weitesten fortgeschritten ist."
Wo der konservative Wertekosmos am tiefsten durchbrochen ist, springt die Dialektik der progressiven Gesellschaft über in eine triste Wirklichkeit, am ehesten noch beschreibbar als Ansammlung solitärer Herdentiere, die der atavistischen Entwicklungshöhe von Sardinenschwärmen entspricht.
Hier eben entlarvt sich das heillose Dilemma des emanzipativen Programms. Die Forderung nach mehr Freiheit, mehr Entfaltung, nach mehr Verhaltensmöglichkeiten ist ja nur sinnvoll im Hinblick auf mehr Selbstverwirklichung. Selbstverwirklichung ist aber nur durch Festlegung erreichbar. Man kann eben nicht alles auf einmal haben oder sein, immer wird man gezwungen bleiben, aus Freiheit Möglichkeiten ungenutzt zu lassen. Der emanzipierten Gesellschaft liegt ein naives Freiheitsverständnis zugrunde. Freiheit kann nie heißen, tun und lassen zu können, was man will, Freiheit kann immer nur die freiwillige Entscheidung zu einer Norm und Konvention sein. Die Forderung nach mehr Freiheit ist im Grund parasitär, weil sie keine Wirklichkeit begründen kann, sondern lediglich von bereits vorhandenen Wirklichkeiten und Normen befreien will. Die Emanzipationsbewegung muß ihre Adepten zwangsläufig überfordern und in

der Folge frustrieren und neurotisieren, weil diese es in der modischen Attitüde, immer bereit zu sein, versäumen, sich festzulegen und die einmal gewählte Rolle auch zu akzeptieren.
Eine Zeitlang konnte die linke Kulturrevolution enorme Erfolge verbuchen: Als sie daranging, gemeinsam mit der Werbeindustrie die kapitalistische „Askesemoral" abzuschmelzen. Das hat zweifelsohne individuelle Vorteile und Lebenserleichterungen gebracht, und gerade die konservative (technische) Intelligenz, die sich von den emanzipatorischen Modewellen umspülen ließ, nicht aber in sie eintauchte, zog daraus Gewinn für die eigene Persönlichkeitsentfaltung und ging nicht unter wie jene „kaputten Typen", die sich heute ihren Frust über die „Nutzlosigkeit, erwachsen zu werden" von der Seele schreiben.
Unter dem Signum der Emanzipation sind die alten konservativen Herkunftswelten mittlerweile zu kleinen Inseln zusammengeschrumpft. Als vergilbende Schreckbilder von gestern und vorgestern werden sie immer unbrauchbarer. Tempi passati. Neue Konstellationen tun sich auf, neue Probleme entstehen, neue Fronten bilden sich. Wo es nichts mehr zu befreien gibt und die progressive Fortschrittsutopie verblaßt, wird das institutionelle Defizit der Linken sichtbar. Die emanzipative Freiheitsidee erweist sich als unfähig, von sich aus konkrete Ordnungen zu begründen. Die Linke bleibt darauf angewiesen, daß andere Kräfte diese schaffen. Diesen gegenüber ist man dann „kritisch". Staat und Produktindustrie lehnt sie deshalb bekanntlich ebenso ab, wie sie die Neokonservativen und deren Überlebenskonzepte verdammt. Die verbündete Kulturindustrie ist zwar chic, elitär und profitabel, sie erzeugt auch die lebensnotwendige links-libertäre Atmosphäre, doch im ganzen ist ihr

permissiv-unterhaltender Charakter zu wenig konstruktiv.
Was tun? Die Progressiven werden den Tiger reiten und irgendwann auf dem Ritt zwischen Libertinage und Dirigismus aus dem Sattel fliegen (sofortiger AKW-Ausstieg, aber gesicherte Energieversorgung; weniger Staat, aber mehr Subventionen; weniger Bürokratie, aber mehr Sozialhilfe; freie Lehrstoffwahl, aber Zwang zur Gesamtschule; weniger Polizei, aber mehr Umweltschutzaufsicht; weniger Leistung, aber Grundrente für alle; usw.).
Und die Konservativen? Sie sollten ihre wirtschaftliche Kompetenz behaupten, ihre wissenschaftliche ausbauen. Sie müßten ihre Glaubwürdigkeit auf dem urkonservativen Gebiet der Ökologie zurückerobern und dieses Thema den Grün-Alternativen entreißen, die nicht die richtigen Fragen gestellt haben, sondern die richtigen Fragen mißbrauchen. In ihrem mittlerweile schwächsten Fach, der Kultur, sollten die Konservativen endlich mehr Profil zeigen. Vielleicht grünt im warmen Klima der Postmoderne ein neuer Zweig konservativer deutscher Kultur?

Der lange Marsch ins Reaktionäre

Von Anfang an verstand sich die Linke als Avantgarde des Fortschritts, beseelt von der messianischen Pflicht, ein weltweites, menschheitsumfassendes Kollektiv emanzipierter autonomer Individuen herzustellen. Die Rechte vertrat demgegenüber die Position der Bremser, der Skeptiker und des Realismus, der die progressive Fortschrittsutopie grundsätzlich in Zweifel zog. Solange der progressive Fortschrittsglaube sich noch von der Realität bestätigt sah, solange der technisch-wissenschaftliche Fortschritt die konservativen Herkunftswelten unbarmherzig zerstörte, solange die Progressiven noch eindeutige Träger ihrer revolutionären Hoffnungen — zuerst das Bürgertum, dann das Proletariat — identifizieren konnten, solange war es der Linken ein leichtes, ihre konservativen Widersacher zu Reaktionären, die auf ihren Privilegien beharrten, zu stempeln und sie vor ihren eigenen progressiven Forderungen herzutreiben. Der Vorwurf des Reaktionärs trifft den Konservativen nur in der längst vergangenen Figur des Alt-Konservativen (z. B. des Monarchisten), der eine verlorengegangene „heile Welt" restaurieren will. Insofern der Konservative jedoch die progressive Idee der Planbarkeit und Beherrschbarkeit der inneren und äußeren Natur des Menschen kritisiert, bezieht er eine eigenständige, pragmatische Position, die sich der Selbst- und Naturerhaltung verpflichtet weiß.

Inzwischen hat sich das Blatt gewendet, weil der progressive Fortschrittsglaube selbst in die Krise geriet, weil ihn seine Hauptverbündeten, die realhistorische Autonomisierung und Industrialisierung, verlassen haben. Die Menschen sind nicht in dem Maße und in der Form autonomer, spontaner und rationaler geworden, und die Natur ist nicht endgültig beherrschbar, nicht noch ausbeutbarer geworden, wie es der progressive Plan vorsah.

Eine erste Fortschrittskrise war bereits die Debatte am Ende des 18. Jahrhunderts gewesen, ob die Kunst ähnlich wie Wissenschaft und Technik zu Höherem fortschreite. Der Streit endete damals in der Erkenntnis, daß alle Kunst nur in ihrer geschichtlichen Bedingtheit beurteilt werden könne und daß es unsinnig sei, die künstlerische Qualität in die dogmatische Hierarchie einer aufsteigenden Zeitreihe zu zwängen.

Diese Kunstdebatte blieb jedoch ohne weitere Bedeutung, weil sich die Auseinandersetzung zwischen links und rechts (die hier im nachhinein idealtypisch definiert werden) hauptsächlich um gesellschaftliche Gleichheit und politische Partizipation drehte. Der Bürger hatte die Idee des autonomen Subjekts entworfen, mit der er die Legitimität der alten Autoritäten (Thron und Altar) revolutionär untergrub und sein eigenes Freiheitsverständnis, die Entfaltung des Privateigentums, im bürgerlichen Rechtsstaat verwirklichte. Indem die bürgerliche Emanzipationsbewegung (maßgeblich verkörpert in den Liberalen) sich jedoch nicht als Aufbruch einer Klasse, sondern als Aufbruch des Menschen als solchem verstand — als Aufbruch zu einem Kollektiv gleicher, freier autonomer Individuen — geriet sie in dem Moment unter den Druck ihrer eigenen revolutionären Emanzipationsideologie, als der Sozialismus begann, vom mittlerweile etablierten Bürgertum selbst die Einlösung eben dieser Prinzipien (Freiheit, Gleichheit, Brüderlichkeit) einzufordern und in deren Namen die Abschaffung der bürgerlichen Privilegien, also Privateigentum und Erbrecht, verlangte. Das vormalige revolutionäre Subjekt, der Bürger, war der Revolution müde geworden. Die progressive Avantgarde witterte Verrat und wechselte die Pferde, indem sie kurzerhand das unterdrückte Proletariat zum neuen „bürgerlichen" Fortschrittssubjekt ernannte und ihm die Aufgabe zuwies, das alte Ziel, eine Gesellschaft diskriminierungsloser Gleichbehandlung, in die Form der klassenlosen Gesellschaft zu gießen. Das Proletariat nahm den Auftrag an. Je mehr jedoch die Arbeiterschaft selbst im Laufe der Zeit verbürgerlichte, je mehr sie selbst am Privateigentum und an konservativen Werten wie Familie, Natur, Patriotismus usw. Gefallen fand, desto orientierungs-

loser wurde die progressive Avantgarde, weil ihr das revolutionäre Subjekt abhanden kam.
Die Menschen fragen heute nach ihrer Herkunftswelt, sie suchen nach Werten und Sinn. Das sind konservative Themen, weil ihre Beantwortung nicht mehr länger nur auf die Verhältnisse geschoben werden kann, sondern in nicht geringem Maße auf die vielfältige Natur der Person selbst und die Eigenwilligkeit der Kulturen verweist. Die Ungleichheit der Menschen verlangt nach unterschiedlichen Lösungen. Die Tatsache menschlicher Begrenztheit war für die progressiven Gleichheitsfanatiker mit ihren universalistischen Heilslehren immer schon der reine Horror.
Offensichtlich haben heute die Konservativen Zukunftsentwürfe anzubieten, die die gegebenen Problemlagen (Ökokrise) ebenso berücksichtigen wie die Erfahrungen mit den gescheiterten progressiven Werten (Sinnkrise). Sie tragen der Einsicht in die Grenzen der Machbarkeit der inneren Natur des Menschen und der Beherrschung der äußeren Natur, der Umwelt, Rechnung. Zu Reaktionären jedoch sind die progressiven Intellektuellen geworden, die auf der emanzipativen Fortschrittsutopie beharren und weiterhin die längst irrational gewordenen Prinzipien ihrer „heilen Welt" geltend machen.
Den Progressiven ging also das revolutionäre Subjekt verloren, und je verzweifelter sie in der Wirklichkeit nach einem neuen suchen, desto rigider und zugleich abstrakter formulieren sie die Emanzipationstheorie, deren Ziel auch in den siebziger Jahren unverändert laut Martin Greiffenhagen ein „von Naturängsten freies Dasein, eine gerechte Gesellschaft, eine mit sich selbst versöhnte Person" sein soll. Die progressive Idee hat sich immer stärker zu einer Theorie des Lustprinzips weiterentwickelt: „Über die Befreiung von

Naturzwängen und herrschaftlichem Zwang hinaus meint Emanzipation die Befreiung vom Selbstzwang der Person, die noch nicht zur eigenen Identität hat finden können" (Greiffenhagen). Emanzipiert ist demnach erst derjenige, der identisch mit sich selbst ist, was soviel bedeuten soll, daß er sich keiner Selbstdisziplinierung mehr unterwerfen muß, weil ihn weder die Knappheit der Güter noch Knappheiten zwischenmenschlicher Art (das Ideal ist die allzeitige, diskriminierungslose Liebe und ewiger Friede) am lustvollen Ausleben seiner Bedürfnisse hindern.

Emanzipation wurde den Vordenkern der Neuen Linken zum individuellen psychischen Befreiungsakt, der freilich weiterhin die vollautomatisierte Überflußgesellschaft voraussetzt. Damit wollen die Neomarxisten wieder alle Menschen der progressiven Fürsorglichkeit zugänglich machen, und der Weg aus der marxistischen Sackgasse, wonach allein das Proletariat der neue Träger des revolutionären Subjekts war, weitet sich zum breiten Boulevard für alle jene, die hier und jetzt in einer repressionsfreien und antiautoritären Lustkultur leben wollen. Postulat ist die „sexuelle, moralische, intellektuelle und politische Rebellion in einem" (Marcuse).

Doch die Linke hat früh bemerkt, wie schwer es ist, diesen narzißtischen Sozialcharakter dauerhaft zu politisieren. Psychotrips und Encountergruppen laden zwar brav den Lustgenerator auf, die erfolgreich Therapierten setzen sich anschließend jedoch nicht zu repressionsfreien Kommunen zusammen, sondern treten ins bürgerliche Leben ein und gründen gar Familien. Die große Zahl der hoffnungslosen Fälle wird von der Therapie abhängig. Aufrechte Linke beklagen seit langem die „Agonie der Studentenbewegung" und deren „Heimkehr ins private Internum" (Scheer).

„Die linken Intellektuellen, die ein Jahrhundert lang und Ende der 60er Jahre mit neuem Ingrimm alles Heil vom Proletariat erwarteten, wandten sich, da die Arbeiter die ihnen angediente Mission partout nicht erfüllen wollten, in den 70er Jahren zunächst den Randgruppen zu, den Depravierten und Behinderten, den Irren und Wilden, in denen sie ein schönes Protestpotential vermuteten, das sich aber leider auch nicht aktivieren ließ, so daß ihnen schließlich als Zeuge des Unheils und Träger des Heils nur noch die Bäume blieben. Doch die stehen im sauren Regen. Was mag das nächste Objekt linker Fürsorge sein, dieser nekrophilen Neigung zu allem, was abstirbt? Vermutlich die Linken selbst, ihr eigener Lebenssaft.“ So kennzeichnet Karl Markus Michel die schlingernde „Randgruppenstrategie“, die „Minderheiten“ die Rolle des „revolutionären Subjekts“ zuschrieb. Die Linke verlagerte ihren politischen Ansatzpunkt vom Produktionsbereich weg in den Reproduktionsbereich. Die Produzentenavantgarde des Proletariats wurde von der Konsumentenavantgarde der Hippies und Flippis und der Alternativbewegung abgelöst.

Dieser Frontwechsel ergab sich auch auf seiten der Theorie. Die Neokonservativen haben heute über die Ursachen des gesellschaftlichen Wandels „materialistischere Vorstellungen“ als Neomarxisten (Habermas, Touraine), die auf Wiederbelebungsversuche des „toten“ Proletariats verzichten, das doch nur reich geworden ist. Statt dessen postulieren diese nun eine neue, die kommunikative und moralische Fortschrittsidee. Dieser postmaterielle Fortschrittsglaube ist auf die neuen sozialen Bewegungen zugeschnitten, auf die Bürgerinitiativen, die Ökologiebewegung, Anti-AKW-Bewegung, alternativen Lebensstile, Landkommunenbewegung, Regionalismus, Frauen- und

Lesbenbewegung, Schwulenbewegung, Pädophile, Psychobewegung, Spiritualisten, Friedensbewegung, Dritte-Welt-Initiativen, Aids-Hilfe usw. Viele Progressive richten nun alle Hoffnungen auf diese neuen sozialen Bewegungen, welche die revolutionäre Mission des Industrieproletariats als „historische Ersatzsubjekte" übernehmen könnten.

„Die neuen sozialen Bewegungen ... setzen den Kampf der Arbeiterbewegung auf einem anderen Terrain fort. Sie wollen nach fortgeschrittener materieller Emanzipation ... die sozio-kulturelle Emanzipation erkämpfen, die allen Menschen erst die wirkliche Freiheit zur Selbstverwirklichung bringt" (Murphy). Indessen, der progressive Anzug paßt den neuen Kandidaten nicht. Den heterogenen neuen sozialen Bewegungen ist gemeinsam, daß sie nach individuellem Lebenssinn suchen. Die links-alternativen Sinnproduzenten sind eifrig bemüht, dieser Nachfrage nachzukommen. Obwohl alle nach Sinn Hungernden reichlich aus linken Töpfen gespeist werden, dürfen sich bei weitem nicht alle des linkspriesterlichen Segens erfreuen. Nach dem Schema: „Die guten ins Töpfchen, die schlechten ins Kröpfchen" sortieren die Progressiven die neuen sozialen Bewegungen aus: Der — schlechte — regressive Postindustrialismus will zu vormodernen Denk- und Lebensweisen zurückkehren, der — gute — emanzipatorische Postindustrialismus startet durch und will das schwer lädierte „Projekt der Moderne" doch noch vollenden. Hier entscheidet nur noch Gesinnung und Lagertreue, die dahinterliegende Motivation (auch wenn sie in beiden Varianten dasselbe meint) interessiert kaum.

Die Frauenbewegung wird nur so lange begrüßt und mit dem Prädikat „emanzipativ" geadelt, solange sie die Gleichheit der Geschlechter fordert, entdeckt sie

jedoch genuin weibliche Werte und Lebensbereiche (Mutterschaft), unterliegt sie dem vernichtenden Urteil der Progressiven.
Postmoderne Kritik am progressiven Vernunftbegriff wird nur dann als emanzipativ anerkannt, wenn sie eine verfeinerte Methodik und neue Forschungsansätze beinhaltet, oder wenn sie sich gegen wissenschaftliche Zweckrationalität richtet, die sich billigerweise als Ursache des kapitalistischen Leistungsdenkens denunzieren läßt. Sie stößt jedoch auf grundsätzliche Ablehnung, wenn der Vernunft kein eigener Gehalt (Friede, Gleichheit, Menschenrechte) zuerkannt wird, und ihre Funktion als ein Mittel erkannt wird, das lediglich einem Zweck, der erst auf andere Weise und auf anderen Ebenen gefunden werden muß, dient. In diesem Fall müßte man nämlich anerkennen, daß die Sittlichkeit ihren Sitz nicht im Kopf, sondern im Herzen hat.
Erst recht fordert die Ökologie den Selektionsgeist der Progressiven heraus. Die ökologische Neubestimmung des Mensch-Natur-Verhältnisses birgt gleich zwei Gefahren: Einmal würden der menschlichen Freiheit Grenzen gezogen, wenn ein der Natur zugestandenes Eigenrecht den Menschen daran hindere, über die Natur ganz nach seinen beliebigen Bedürfnissen zu verfügen. Zum anderen würde die ökologische Sicht des Menschen als ein Teil der Natur die inneren Grenzen des Menschen, wie sie in der Verschränkung von Anlage und Umwelt zum Ausdruck kommen, markieren. In beiden Fällen offenbart sich die Irrationalität der Emanzipationsideologie. Denn nach emanzipatorischem Selbstverständnis sind „Schicksal und Aufgabe“ des Menschen die „fortschreitende Befreiung von Zwängen, die nicht durchschaut und freiwillig angenommen sind“ (Greiffenhagen). Nach ökolo-

gisch-konservativem Selbstverständnis sind die Zwänge der Naturgewalten sowie die „Zwänge" unserer Veranlagung zwar variabel und durchaus veränderbar, aber nicht gänzlich aufhebbar. Als Naturwesen bleiben wir also natürlichen Zwängen ausgeliefert, die uns vielleicht erst dann so richtig stören, wenn sie uns bewußt werden und wir auf Freiheiten und Genüsse verzichten müssen.

Zweifellos sind einige ideologische Bestände der Alternativbewegung reaktionär, nur sind dies bezeichnenderweise eben nicht die konservativen Bestände (Bewahrung der Natur, Ökoaskese), sondern die progressiver, öko-rousseauistischer Herkunft (Glaube an die progressive „heile Welt"). Ob es sich bei der Frauenbewegung um die Vision des Matriarchats der liebevollen und friedfertigen Frauen handelt, ob es sich bei der New-Age-Bewegung um die spirituelle Urweisheit ganzheitlicher Allharmonie dreht, ob es sich in der Ökologie-Bewegung um die Vorstellung eines partnerschaftlichen Umgangs mit einer beseelten Natur handelt, oder ob es in der Landkommunen-Bewegung um den Rückzug ins einfache Leben geht, in allen Fällen wird die Rückkehr zu idealisierten Naturzuständen beschworen, denen die naive Annahme zugrunde liegt: Der Mensch ist gut, Kultur und Zivilisation haben ihn verdorben! Diesen erbaulichen Entwürfen geht es um die Wiederherstellung eines idyllisch verklärten „natürlichen" Zustandes. Sie folgen Rousseau in der Sehnsucht nach der Rückkehr in den Mutterschoß und dem radikaldemokratischen Gleichklang der guten Menschen. Auf den Realitätsgehalt dieser Naturzustände wird in der Regel wenig Wert gelegt. Sie sind durchkonstruiert und enthalten totalitäre Elemente, weil die Gesellschaft ganz nach einem Prinzip umgestaltet werden soll.

Allein dieses bunte Spektrum alternativer Gesellschaftsentwürfe zeigt, daß keine andere Weltanschauung von der Ökokrise so sehr infrage gestellt wurde wie der Sozialismus. Die Widersprüche sind eklatant. Ursprünglich gab es für den Sozialismus keine über den Klassengegensätzen stehenden Probleme. In Fortsetzung des bürgerlichen Emanzipationsprojekts will der Sozialismus die Verwirklichung des autonomen Individuums, die Natur ist ihm nur Mittel zum Zweck. Die Ökologie sieht den Menschen jedoch als Teil der Natur, die Natur ist ihr das unaufhebbare Medium menschlichen Handelns. Alle Versuche, Ökologie und Sozialismus zu versöhnen und den alten Wein in neuen Schläuchen unter dem Etikett „Ökosozialismus“ zu verkaufen, müssen scheitern.

Der Begriff Ökosozialismus ist ein Widerspruch in sich. Das zeigt allein schon die Geschichte der Ökologiebewegung. Die linke Protestbewegung hatte große Schwierigkeiten, auf die Ölkrise und die Warnungen des Club of Rome angemessen zu reagieren. Sie witterte hinter den am Horizont dunkel auftauchenden Grenzen des Wachstums eine Verschwörung der Kapitalisten, die der Arbeiterbewegung den verdienten Fortschritt vorenthalten wollten. Hans Magnus Enzensberger, der 1973 als einer der ersten unter den bundesdeutschen Linken noch sehr skeptisch und polemisch auf die Ökologiediskussion einging, sah in den Bürgerinitiativen lediglich ein mögliches Protestpotential, das er von links politisieren wollte. Angesichts der Umweltproblematik mußte er jedoch zugeben, daß „das Reich der Freiheit aber, wenn die Gleichungen der Ökologie aufgehen, ferner gerückt (ist) denn je“.

Die ökologische Frage trifft den Sozialismus ins Herz. Im Godesberger Programm der SPD wird euphorisch eine Fortschrittskonzeption formuliert, die weltweit alle sozialen Fragen durch mehr technischen Fortschritt zu lösen hofft. „Das Kernstück der Argumentation", erläutert Dieter Otten das SPD-Programm, „ist die ungeheure Macht, die dem Menschen durch seine Kenntnisse über die Kernspaltung gegeben werde und die zerstörerisch als Bombe oder aber friedlich zum Segen der Menschheit genutzt werden kann. Gelingt ihre Beherrschung, dann führt der wissenschaftlich-technische Fortschritt geradezu paradigmatisch in eine Epoche, die die Lösung der menschlichen Probleme aus dem Überfluß heraus, also friedlich, evolutionär und reformistisch zuwege bringt." Heute wollen die Sozialisten in Westdeutschland aus der Kernkraft aussteigen. Mit dieser paradigmatischen Kehrtwendung sind sie jedoch orientierungslos geworden: „Es gibt keine festen stofflichen Inhalte des Fortschritts", umschreibt der ratlose Programminterpret Dieter Otten die Navigationsprobleme des roten Tankers. Progressivität ist zur inhaltslosen Leerformel degeneriert.

Die Rot-Grünen haben sich vor allem deshalb auf die Ökokrise eingelassen, weil sich die permanenten Katastrophen-Szenarios, von Tschernobyl bis zum Ozonloch, vom Atomkrieg bis zum Waldsterben, prächtig politisieren ließen. Nachdem sozioökonomische Problemlagen an Stellenwert verloren oder zu komplex wurden, stieg die Relevanz psychosozialer Stimmungen. Die apokalyptischen Zeitdiagnosen riefen eine nekrophile Lust am Untergang hervor, und der Kulturpessimist bedarf mittlerweile einer täglichen Dosis Angst, um sich in seinem Weltschmerz wohl zu fühlen. Die Angst ersetzt die Kritik. Nur die Angst vermag authentisch zu behaupten, daß sie die Gesellschaft überzeugend von außen beobachten kann. Wer Be-

troffenheit und Angst bekundet, gilt als Seismograph, dem man recht geben muß, weil er die künftigen Erschütterungen vorausahnt. Die angstbesetzte Rede ermöglicht es, die Kompetenz dem moralischen Appell unterzuordnen. „Angst widersteht jeder Kritik der reinen Vernunft" (Niklas Luhmann). Immerhin steht dabei das Schicksal der Menschheit auf dem Spiel.
Der Philosoph Odo Marquard hat darauf hingewiesen, daß die rot-grünen Apokalyptiker auch deshalb nach der verheißungsvollen ökosozialistischen Sonnenblume griffen, weil das „Proletariat" die ihm in den sechziger Jahren angediente revolutionäre Rolle nicht angenommen hatte, die Intellektuellen sich letztlich auch als zu schwach in Sachen Revolution erwiesen hätten und auch der Import von „geborgtem Elend" (Helmut Schelsky) aus der Dritten Welt nicht geholfen habe: „Was tun? Eine neue ‚unterdrückte Klasse' als neues revolutionäres Subjekt muß herbei; und so entdeckt die revolutionäre Geschichtsphilosophie die Natur. Die Natur tritt ein in die vakant gewordene Stelle des revolutionären Subjekts der Geschichte, und die revolutionäre Avantgarde wird jetzt zu Naturschützern" (Marquard). Die Natur ist nicht länger der zu überwindende Feind, sie wird „wie das vorher vom Proletariat gesagt wurde, ausgebeutet und dadurch gefährdet durch die moderne — die bürgerliche — Welt: also muß diese bürgerliche Welt gestürzt werden; die moderne Welt muß verschwinden, damit die Natur am Leben bleibt und wieder heil werden kann. So wird die Natur — durch die Angst um sie — zum neuen Grund, gegen die bürgerliche, die moderne Welt zu sein." Die alte marxistische „Verelendungstheorie" wird in die ökologische „Zusammenbruchstheorie" übersetzt, die Welt muß gerettet, die Verhältnisse müssen blitzartig und revolutionär verbessert

werden. Die in Angst versetzten Massen sollen den Aufstand gegen das verhaßte kapitalistische System wagen. Das von vielen ehemaligen Kommunisten mitgeschriebene Wahlprogramm der Grünen trägt diese linksradikale Handschrift: Abschaffung der sozialen Marktwirtschaft, Abschaffung der Großtechnik, Zerschlagung industrieller Strukturen, Vergesellschaftung der Produktionsmittel.

Die erfolgreiche Taktik, die Bevölkerung in immer neuen Angstschauern durchzuschütteln, stellt die Rot-Grünen, trotz des großen Zuspruchs, vor ein Dilemma: Je schlechter sie die Lage ausmalen, als sie tatsächlich ist, desto mehr treibt die Angst ihnen das Publikum zu. Je mehr jedoch die Angst der Apokalyptiker wächst, desto mißtrauischer werden diese gegenüber dem progressiven Fortschrittsglauben. In das Vakuum, das durch diese Kalamitäten entsteht, dringt konservatives Gedankengut vor. Der wertkonservative Philosoph Hans Jonas kann heute, angesichts der Endlichkeit der natürlichen Ressourcen, auch im rotgrünen Milieu auf Zustimmung rechnen, wenn er seine Forderungen nach einer „neuen Frugalität" erhebt, wenn er mit der Nachfragepolitik des modernen Keynesianismus abrechnet und die aristotelischen Tugenden wie Maß, Bescheidenheit und Mitte wiederbelebt: „Um die in vollem Lauf begriffene Ausplünderung, Artenverarmung und Verschmutzung des Planeten aufzuhalten, der Erschöpfung seiner Vorräte vorzubeugen, sogar einer menschenverursachten unheilvollen Änderung des Weltklimas, ist eine neue Frugalität in unseren Konsumgewohnheiten vonnöten" (Jonas). Zu den Opfern, die sein „Prinzip Verantwortung" jedem einzelnen abfordern will, gehören auch „Verzichte auf Freiheit, die nötig werden in Proportion zum Anwachsen unserer Macht in so wenig verläßlichen Händen wie den unseren ..." Jonas ist wenig optimistisch, daß der von ihm empfohlene Weg, einen würdigen ökologischen Grundkonsens in einer gemeinschaftlichen, asketischen Kultur zu finden, gewissermaßen von unten her freiwillig eingeschlagen wird. „Der andere Weg, dem vorzubeugen, wäre die zeitige Erzwingung der Frugalität von oben her, durch öffentliches Gesetz und seine Sanktionen. Auch dafür sind die Aussichten im demokratischen Stimmverfahren nicht gut, das ja durchweg von gegenwärtigen Interessen und Umständen beherrscht wird."

Jonas stellt die zentralen Fragen. Tatsächlich stehen wir vor der Entscheidung, welchen Weg wir sowohl in unserer persönlichen Lebensführung als auch in unserer demokratischen Ordnung einschlagen wollen. Die Gefahren der modernen Technologien sind gegenüber der alten Technik zweifelsohne größer geworden — Atomwaffen etwa geben uns die Macht, die ganze Menschheit auszurotten; das eröffnet qualitativ neue ethische Dimensionen. Die ökologische Gefährdung des Raumschiffs Erde, die Verseuchung von Wasser, Luft und Boden bedroht auch zukünftige Generationen, für die wir heute Entscheidungen fällen, die sie morgen zu tragen und eben auch auszubaden haben. Das war natürlich prinzipiell immer schon so, doch hat sich die Größenordnung unserer Handlungsmöglichkeiten ungeheuer erweitert und vor allem in ungeahnter Weise dynamisiert, so daß die Prognostizierbarkeit abnimmt, obwohl das wissenschaftliche Instrumentarium zur Technologiefolgenabschätzung ständig besser wird. Der Handlungsdruck steigt, mit ihm die Unsicherheit. Die Unübersichtlichkeit wächst, zugleich werden die Grenzen der Machbarkeit immer enger. Wen wundert es, daß in dieser Risikogesellschaft viele nach der Notbremsung rufen? Jonas ist einer von ihnen. Er gibt immerhin Antworten: Bei der Abschätzung von Technikrisiken müsse der ungünstigsten Prognose auch dann der Vorrang eingeräumt werden, wenn sie die unwahrscheinlichste sei, „denn die Einsätze sind zu groß geworden für das Spiel". Zuerst müsse geprüft werden, ob eine technische Neuerung überhaupt notwendig sei. Auch das Privatleben möchte Jonas Beschränkungen unterwerfen. Jeder solle auf übertriebenen Konsum und auf Profite zugunsten des Erhalts der Natur und der Zukunft verzichten.

Auf den ersten Blick scheint dieser Ausweg logisch. Doch ist er überhaupt gangbar? Und wohin würde er führen? Ungeteilte Zustimmung wird von konservativer Seite der Vorschlag finden, mehr persönliche Verantwortung zu übernehmen und den Konsumrausch der letzten Jahrzehnte etwas auszunüchtern. Anders steht es mit der Radikaltherapie, die Jonas der Industriegesellschaft verordnet und zur Risikoabwägung empfiehlt. Es ist ja interessant, daß sich gerade die Rot-Grünen zum wertkonservativen Hans Jonas hingezogen fühlen. Die ökologische Gleichung, die sie aufstellen, ist folgende: Die globale Bedrohung erfordert eine globale Lösung, die globale Lösung bedarf eines globalen Plans, und der globale Plan benötigt zu seiner Realisierung eine globale Regierung — die sozialistische Ökodiktatur ist fertig. Selbst Jonas hat eine Schwäche dafür: „Man kann dem Kommunismus nicht abstreiten, daß er die unter ihm lebenden Massen zu einer gewissen Askese zwingt und dieser Askese auch etwas ethischen Wert abzugewinnen sucht." Diese Bemerkung verrät eine grobe Unkenntnis und Fehleinschätzung sowohl des Marxismus und dessen Überfluß-Phantasien als auch der Verhältnisse in den sozialistischen Staaten, deren kärgliches Alltagsleben keineswegs ein Resultat ethischer Selbstbeschränkung ist, sondern der Unfähigkeit der sozialistischen Planungsdiktatur entspringt. Wie gedankenlos muß man sein, wenn man die möglichen Vorteile eines Systems preist, dessen reale Nachteile offen zutage liegen? Tschernobyl stand schließlich in der Sowjetunion.

Die Bundestags-Grünen, die zwischen dezentraler öko-rousseauistischer Idylle und Ökosozialismus hin- und herschwanken, rufen ebenfalls im Zweifelsfalle immer nach der staatlichen Reglementierung. Es sind diese oftmals mit auftrumpfender Besserwisserei vorgetragenen Patentrezepte, die die Neo-Konservativen so skeptisch machen. Wenn die Lösungen so einfach lägen, wie sie Jonas darstellt, dann fiele uns der radikale Ausstieg vielleicht gar nicht so schwer. Doch so einfach ist das nicht. Zunächst muß uns klar sein, daß die Gefahren der neuen Technologien nur mit besserer „sanfter" Technologie gebändigt werden können. Ein radikaler Ausstieg aus der Technik wäre Selbstmord. Jonas' Unterlassungsgebot für „gefährliche" Forschung käme letztendlich einem Forschungsverbot gleich, denn jedes Wissen kann irgendwann einmal gefährlich werden. Damit wäre aber den bereits vorhandenen Problemen nicht geholfen. Hinzu kommt, daß die Öko-Krise gewissermaßen eine Luxus-Krise ist. Sie konnte uns erst dann in diesem Ausmaß überfallen, als wir die früheren sozialen Krisen im Zuge der Industrialisierung so gut bewältigt hatten. Wir dürfen nicht vergessen, daß Wissenschaft und Technik die historischen Risiken — Hunger, Armut, Infektions- und Mangelkrankheiten usw. — weitgehend beseitigt haben. Dort, wo diese Grundversorgung nicht ausreichend gesichert ist, existiert auch kein ökologisches Bewußtsein, da ist die eigene Haut näher als der grüne Mantel des Planeten. Auch bei uns werden sich die Prioritäten schnell verlagern, wenn der Kuchen kleiner wird, wie zu erwarten ist, und es nicht mehr Überschüsse und Zuwächse zu verteilen gibt, sondern Engpässe und Belastungen eintreten. Damit eine effektive Öko-Politik nicht im Streit der Interessen untergeht, muß sie fundamental sozial gesichert sein. Für ein exportabhängiges Industrieland wie Westdeutschland hängt das soziale Wohl aber maßgeblich davon ab, ob es sich auch künftig im internationalen technischen und wissenschaftlichen Wettbewerb behaupten kann. Gegen Technik und Wissenschaft werden sich also nur jene aussprechen, die von den Problemen intellektuell überfordert sind, und ihr Heil in einer „neuen Einfachheit" suchen. Was Deutschland also braucht, sind Politiker, die den Mut zum Risiko haben, zum Risiko nämlich, auch unpopuläre Entscheidungen zu fällen. Hierin jedoch sind die Konservativen den heilpredigenden Linken überlegen: Sie sind immer dann gefragt, wenn's brennt. Die Konservativen tun schließlich, was zu tun bleibt.

Neues aus der Konsumgesellschaft

Die Progressiven und in ihrer Nachfolge die Alternativen haben — nicht zu unrecht — an den Alt-Konservativen gerne deren Steifheit und Überkorrektheit im alltäglichen Umgang miteinander belächelt — und heftig dagegen rebelliert. Deren Bewegungsareal, das von den Pflöcken Pflicht, Gehorsam, Fleiß, Sauberkeit, Vaterlandsliebe, Höflichkeit, Sexualfeindlichkeit und Formelhaftigkeit begrenzt war, wollten sie das freie Feld einer neuen Natürlichkeit entgegensetzen. Dabei haben sie nicht bemerkt, wie sehr ideologisch vorbelastet, wie im Grunde provinziell ihr Begriff von Natürlichkeit ist. Zunächst fiel es leicht, die „reaktionäre" bürgerliche Kultur zu bekämpfen, indem man einfach das Gegenteil von dem tat, was diese vormachte. Waren jene fleißig, so mußten diese nur bequem sein, um als fortschrittlich zu gelten. Trugen jene kurze Haare, so ließen diese die eigenen lang wachsen. Bestanden jene auf Sauberkeit, so gammelte man herum. Liebten jene das Vaterland, so verfielen diese auf ein „I love New York" oder kleidsamen Revolutions-Look.
Das waren Zeiten, als die erste Welle der Nonkonformität über die Tabus der bürgerlichen Kultur hinwegschwappte. Doch heute, nach diesem Großreinemachen, ist es schon schwieriger geworden, auf dem Tableau der bürgerlichen Sitten und Umgangsformen noch Reste zu finden, die sich dann öffentlichkeitswirksam abräumen lassen. Die antibürgerliche Kulturrevolution setzte, wohl weil es bequem war, Natürlichkeit mit Zwanglosigkeit gleich. Was aber ist Natürlichkeit? Im allgemeinen versteht man darunter Ungezwungenheit, Ungekünsteltheit, eine gewisse Souveränität des Auftretens. Doch eine natürliche Atmosphäre breitet sich nur in vertrauter Umgebung aus. Je mehr

ein Ort die heimatlichen Gefühle des Zuhause vermittelt, desto mehr kann auf gekünstelte Gestik verzichtet und unsicheres Gehabe abgelegt werden. So richtig es ist, daß sich Natürlichkeit nur in vertrautem Milieu auszubreiten vermag, so wenig ist damit über das tatsächliche Verhalten, über den Inhalt der Natürlichkeit gesagt. Die Auflösung der bürgerlichen Kultur schafft nicht automatisch mehr Natürlichkeit, sie taucht vielmehr die Gesellschaft in die Kulturlosigkeit, wenn sie nicht neue stilbildende Formen hervorbringt.

Der Mensch ist von Natur aus ein Kulturwesen. Die bürgerliche Kultur war im Irrtum, als sie aus dieser Erkenntnis den Schluß zog, daß alle spontanen und emotionalen Antriebe des Menschen ins Reich des Animalischen zu verbannen seien. Sie glaubte, das böse Tier im Menschen mit der Knute der Sittlichkeit zähmen zu müssen und sah die Freiheit des Willens durch die Zwänge unserer „tierischen" Instinkte gefährdet. Die bürgerliche Kultur erstarrte unter diesem Kulturverständnis oftmals zu einer Veranstaltung „freiwilliger" Selbstdressur, die den scheinbar vernünftigen traditionalen Vorgaben folgte.

Die Kritik daran war also nur allzu berechtigt. Doch die Kulturrevolution schüttete das Kind mit dem Bade aus. Sie glaubte im Umkehrschluß, daß das „Natürliche" mit dem Allgemein-Menschlichen zusammenfalle. Aufgabe der Kultur sei es nun allein, die natürlichen Triebe möglichst unangetastet zur Entfaltung zu bringen. Jede zivilisatorische Sublimierung von natürlichen Antrieben wurde als hinterhältiger, repressiver Unterdrückungsakt denunziert, der die Menschen nur zu funktionierenden Rädchen der Gesellschaft disziplinieren wolle.

Eine Gesellschaft jedoch, die glaubt, auf Regeln und Umgangsformen verzichten zu können, verroht. Wer das nicht wahrhaben will, dem bleibt nur der naive Glaube an das „Gute“ im Menschen, an die harmonischen Folgen des sanften Zwangs des Lustprinzips. Peter Schneider hat den Alternativen deren eingebildete Nähe zur Natur bestritten: „Die Idee, daß ein Mensch natürlich aussehe, wenn er unter Verzicht auf Schmuck und Schminke eine Latzhose über ein paar Rohledersandalen wirft, kann sich allenfalls auf einen spätbürgerlichen Überdruß an Industriemoden und auf einen Mangel an Phantasie berufen, keineswegs auf Natürlichkeit.“

Von der Tischgemeinschaft zur Konsumgesellschaft

Die Emanzipation von bürgerlich-familiären Zwängen und Umgangsformen war ein Leitmotiv der Kulturrevolution der 60er Jahre. Immer lästiger wurden die strengen Tischsitten empfunden, die in so manchen bürgerlichen Wohnstuben allabendlich die Mahlzeit im Familienkreis fast zu einem offiziellen Bankett versteiften. Die Tischordnungen regelten peinlich genau die Positionen und das Verhalten der Beteiligten: nach Rang, Geschlecht und Alter; es gab Essenstermine und genaue Aufgabenverteilungen, Speisepläne legten den Ablauf der Mahlzeiten fest, Tafelordnungen bestimmten, wann wer welche Eßinstrumente zu welcher Zeit und in welcher Reihenfolge verwenden durfte. Darin kam nationale Eßkultur zum Ausdruck; doch die bürgerlichen Tischmanieren hatten überdies den Sinn, zu verhindern, daß individuelle Gier und „Wollust“ vor den Augen anderer sichtbar oder gar hörbar würden. Unverkennbar ist auch hier die asketische Gesellschaftsmoral — Max Weber gemäß ein durchgängiges Merkmal des Kapitalismus —, die so

schillernd mit der dynamisch ausgreifenden Unternehmermentalität kontrastiert.
Den Protagonisten der Kulturrevolution war es ein Leichtes, das Objekt ihres Überdrusses, die asketischen Zwänge, abzulehnen und darüber hinaus ins Unrecht zu setzen. Essen war in deren Optik nicht mehr und nicht weniger als ein Akt individueller Bedürfnisbefriedigung. Diesen „eigentlich" individuellen Vorgang habe die bürgerliche Gesellschaft der sozialen Disziplinierung unterworfen. Sie habe dabei direkt oder indirekt an überkommene Traditionen angeknüpft, die der kulturrevolutionäre Besen schon längst gerne in die Rumpelkammer der Geschichte gefegt hätte. Abendmahl, Opfermahl, häuslicher Herd, Tafelrunde, Platons Gastmahl, Hochzeitsessen, der Leichenschmaus oder gar die obligate Weihnachtsgans . . ., alle diese „tausendjahrealten" Ritualisierungen unserer kulturellen Eß- und Trinkgewohnheiten wurden als listige und lästige Schickanen sozialer Kontrolle ausgelegt, aus deren Fesseln es sich im Zeichen individueller Selbstverwirklichung zu befreien galt.
In den bürgerlichen Umgangsformen erblickte die linke Kulturrevolution einen Anschlag auf die Freiheit des einzelnen. Sie sah in ihnen Demonstrationen patriarchaler Autorität, nicht zuletzt dem Zweck dienend, Klassengrenzen schärfer zu ziehen. Unterstützt wurde diese Auffassung von dem Buch „Der Prozeß der Zivilisation" des Soziologen Norbert Elias. Darin wird die These vertreten, die Geschichte des Abendlandes sei durch die schrittweise Durchformung und Verfeinerung und kontinuierliche Zurückdrängung des Physisch-Triebhaften geprägt, das einer fortlaufenden sozialen und rationalen Modellierung unterzogen wurde. Nach Elias fanden im sozialen Wandel Europas Prozesse in „Richtung einer zunehmenden Straf-

fung und Differenzierung der Kontrollen“ statt, womit gemeint ist, daß die sozialen Kontrollen im Zug der Zeit immer mehr an Gewicht gewannen, die physisch-natürlichen Anteile immer mehr zurücktraten. Die „Dämpfung der Triebe“ sei — besonders intensiv seit dem 16. Jahrhundert — vom „Vorrücken der Peinlichkeitsschwelle“ begleitet worden und habe eine Steigerung der Sensibilität und Empfindlichkeit, von „Angst, Scham und Peinlichkeit“ gegenüber allem „Triebhaften“ nach sich gezogen. Elias wollte zeigen, „wie die Menschen im Laufe der Zivilisationsbewegung alles das zurückzudrängen suchen, was sie an sich selbst als ‚tierische Charaktere‘ empfinden. Ganz ähnlich drängen sie es auch an ihren Speisen zurück.“ Die Folgen speziell für die Tischsitten: Sie wurden verfeinert; Vorschriften, was wie gegessen werden darf und nicht darf, nahmen zu.

Dieses linear durchgängige Bewegungsgesetz der Zivilisation wurde von Elias 1936 erstmals veröffentlicht, fand aber erst nach der Neuauflage von 1969 weltweite Beachtung. Zwar bemerkte Elias schon damals mit Blick auf die Gegenwart auf einigen Gebieten des menschlichen Zusammenlebens eine gewisse Lockerung der strengen Verhaltenszwänge, eine Trendwende wollte er jedoch nicht erkennen: „Zugleich aber zeigen sich, ebenfalls in unserer eigenen Zeit, die Vorboten eines Schubes zur Züchtung neuer und strafferer Triebbindungen“, glaubte Elias vorhersagen zu können.

Diese Prognose war offensichtlich falsch. Sie galt vielleicht gerade noch in den 50er Jahren. Heute aber haben die traditionalen sozialen Reglementierungen rapide an Bedeutung verloren, statt dessen nehmen die individuell-lustbetonten Anteile zu. Unübersehbar ist der Trend zu anonymen, egalitären, rituell-unverbindlichen und außerhäuslichen Eß- und Trinksitten.

Amerikanische Eßgewohnheiten haben sich hierzulande in ähnlichem Ausmaß eingebürgert wie Bluejeans oder die Pop- und Unterhaltungskultur. Die Fast-food-Gesellschaft verpflegt sich mit Schnellimbissen aus der Papptüte. Die Massenabfütterung mit den industriell-vorgefertigten Schnellmahlzeiten verdankt ihren Siegeszug nicht zuletzt dem Wandel der Lebensumstände: Die Familien werden kleiner, unterschiedliche Schul- und Arbeitszeiten verhindern gemeinsame Familienmahlzeiten. Die Zahl der Ein-Personen-Haushalte hat sich ebenso erhöht wie das Taschengeld der Jugendlichen. Betriebskantinen, Imbißstuben, Tiefkühlkost und Schnellgerichte entlasten den einzelnen von der Nahrungsbeschaffung und vor allem von der Zubereitung. Die Konsumgesellschaft macht es möglich, dem individuellen Hungergefühl sofort und preiswert nachzugeben.
Den Bedürfnissen des oralen Flippis kommen die Fast-food-Restaurants sehr entgegen: Ihre Vorteile sind die unkomplizierte Selbstbedienung, das Fehlen festgelegter Eßzeiten, das zwanglose Nebeneinander der Hungrigen, das Fehlen lästiger Tischmanieren usw. Als Denkmäler unseres narzißtisch-infantilen Zeitgeistes sind sie insbesondere bei Kindern und Jugendlichen beliebt. Die Ungezwungenheit vermittelt das Gefühl größerer Sicherheit, die lustbetonten Momente des Essens mit den Fingern stillen die oralen Gelüste nach Sofortbefriedigung.
Auch hinter der Popularität exotischer Kochkunst aus aller Herren Länder verbirgt sich keineswegs die Wertschätzung unterschiedlicher nationaler Eßkulturen, sondern eher das zeitgeisttypische Verlangen nach Abwechslung, Variation und Reizsteigerung. Die lokale und nationale Küche wird in eine Reihe mit den neuentdeckten chinesischen, japanischen, türkischen,

italienischen, französischen usw. kulinarischen Spezialitäten gestellt, fällt vielleicht sogar hinter diesen zurück. Die Bereicherung, die sie zweifelsohne für unseren Speisezettel bedeuten, bleibt allerdings nur so lange erhalten, wie die multikulturelle Vielfalt nicht zu einem quasi internationalen Brei zusammengerührt wird, der dann den partikularen Geschmackspreferenzen der westlich-individualistischen Zivilisation genügt. Zwar haben sich bei uns die gruppen- und kulturspezifischen Abgrenzungen in hohem Maße aufgelöst, und die früheren Einschränkungen gingen verstärkt ins individuelle Ermessen über, das heißt jedoch noch lange nicht, daß nun keine Kriterien und keine neuen Zwänge mehr bestünden, wie und was und wieviel gegessen werden darf.

Da gibt es einmal jene breiten Modewellen, die abwechselnd immer neue Vorlieben mal für Pizzas, mal für Milchshakes oder Brathähnchen, Hamburger, Cola, Gyros usw. produzieren und die Masse der Konsumenten mitreißen. Und da gibt es zum anderen den Rückgriff auf angeblich „natürliche“ Regelmechanismen. Körpersignale werden zum letzten Maßstab für das Handeln des einzelnen. Sie geben ihm Orientierung, nachdem das Gemeinschaftspotential der traditionellen Eßkulturen weitgehend verlorenging. Eine neue Kaste von Sinnproduzenten, Ratgebern und Gruppentherapeuten bestärkt den einzelnen — nach dem Motto: Die Kunst, ein Egoist zu sein — von nun an der inneren Stimme des Körpers zu folgen, die uns angeblich sagt, was wir „wirklich“ wollen. Als selbsternannte Anwälte unserer Freiheit und Selbstverwirklichung gewähren sie uns großzügig Dispens von gesellschaftlichen Normen und ermuntern uns, das zu tun, wonach wir gerade Lust haben. „Sprechen zwingende Gründe nicht dagegen“, bestärkt uns ein Ratgeber, der den bezeichnenden Titel „Psycho-Diät" trägt, „so ist für Sie dann Zeit zum Essen, wenn Ihnen wirklich danach ist. Ist Ihnen nicht danach, ist die richtige Zeit noch nicht gekommen." Der Genußmensch hört auf die Signale seines Körpers, und sollte der Magen einmal zu leise knurren, dann sagt uns das Geklingel der Werbung, daß es Zeit ist, ihn durch neue sinnliche Genüsse zu verwöhnen.

Die Tyrannei der Intimität

„Die Einstellung des außengeleiteten Menschen zum Essen", beschreibt David Riesman den Sozialcharakter der Wohlstandsgesellschaft, „kann ebenso wie seine sexuellen Verhaltensweisen als die dauernde Suche nach einem ihm möglicherweise entgehenden Werterlebnis formuliert werden." Die fun-morality erhöht die Bedeutung individuell-physiologischer Bedürfnisse und drängt gemeinschaftliche Verbindlichkeiten zurück. Sie stützt sich dabei ideologisch auf die Theorie des Lustprinzips, wie sie etwa von der antiautoritären Erziehung vertreten wird. In diesem Modell der Totalemanzipation werden konsequenterweise jede Autorität außerhalb des eigenen Selbst und somit auch alle sozial oder kulturell festgelegten Regeln abgelehnt, weil darin angeblich die Freiheit und die Selbstverwirklichungsrechte des einzelnen begrenzt würden. Der Amerikaner Alexander S. Neill, einer der Vordenker des individual-orientierten Lustprinzips und enger Freund von Wilhelm Reich, begründete sein Programm der „natürlichen" lustvollen Entfaltung der Persönlichkeit streng individualistisch: „Der Totalitarismus nahm seinen Anfang im Kinderzimmer, und er beginnt noch immer dort. Der erste

Eingriff ist immer eine Frage der Ernährung. Es fängt damit an, daß man das Neugeborene zwingt, zu bestimmten Zeiten zu essen und zu trinken. ... Die Selbstbestimmung sollte bei der Geburt beginnen; mit dem allerersten Säugen. Jeder Säugling hat das Geburtsrecht, gestillt zu werden, wenn er mag ... Jedes Kind wird seinen eigenen Zeitplan entwickeln, wenn man es sich selbst überläßt. Das bedeutet, daß es die Fähigkeit zur Selbstbestimmung besitzt — nicht nur, solange es Milch erhält, sondern auch später bei der festen Nahrung." Gemeinschaftliches Essen ist in diesem Erziehungsprogramm nicht vorgesehen. Ziel ist vielmehr die lustvolle Entfaltung der individuellen Wünsche.

Dieselbe Absicht verfolgen übrigens auch alternative Schulmodelle. An die Stelle vorgegebenen Unterrichts soll selbständig gewähltes Lernen treten; „bloßes Wissen" wird abgewertet und experimentelles Handeln und soziale Kommunikation aufgewertet; Pflicht wird durch Neigung ersetzt; die Schüler tun, was sie wollen, ihre Leistungen werden nicht mehr miteinander verglichen, sondern nur in bezug auf ihren eigenen Lernfortschritt. Das Spiel verdrängt die Aufgaben und Prüfungen. Soziale Bindungen sollen sich von selbst einstellen — ganz zwanglos. Arbeit, so man später einmal Lust dazu hat, soll Vergnügen sein. Die gesellschaftstragenden Leistungen werden nach diesem Modell künftig nebenher als Zufallsergebnisse von Spiel- und Glückserlebnissen erbracht.

Die progressiven Vorkämpfer des Lustprinzips verbinden in ihrer Emanzipationsideologie zwei unterschiedliche Konzepte miteinander: Da ist einmal das hehre Ideal der selbstentfalteten Individualität, die scharf gegen alle von außen an sie herantretenden Verpflichtungen und Abhängigkeiten verteidigt wird.

Den Vorwurf der Entfremdung müssen sich alle Anforderungen gefallen lassen, die die Freiheit des einzelnen auch nur irgendwie einschränken könnten. Darunter fällt alles, was auch nur entfernt an Ordnung, Leistung, Arbeit, Recht, Verantwortung und Moral („Das Gewissen ist das Schandmal der unfreien Gesellschaft": Theodor W. Adorno) erinnert. Das andere Konzept ist die Theorie des Sozialdeterminismus. Danach ist der Mensch in allen seinen Verhaltensweisen, Handlungen, Wünschen und Ängsten das Produkt der Gesellschaft, die ihm seine Rolle vorschreibt.
Die beiden Konzepte widersprechen sich theoretisch. Denn wenn sich das selbstbestimmte Individuum von Geburt an aus sich selbst entfalten soll, dann darf dieser Prozeß nicht durch soziale oder erzieherische Eingriffe verfälscht werden. In diesem Fall wird eine monadologische „Natürlichkeit" unterstellt und mit einer naiven und lustbezogenen Spontaneität gleichgesetzt.
Ist die Individualität jedoch gänzlich aus der Summe der gesellschaftlichen Einflußfaktoren zusammengesetzt, dann spielt die „Natur" der Person keine Rolle, dann hängt alles von der sozialen und pädagogischen Machbarkeit ab. Die erste Spielart führt zur „Tyrannei der Intimität" (Richard Sennett), die zweite zur Erziehungsdiktatur (B. Skinner).
Die Alternativbewegung weiß diesen Widerspruch nahezu genial, aber doch nur scheinbar dadurch zu überbrücken, daß sie dem einzelnen die Befreiung von den Sachzwängen der Gesellschaft verspricht, das Gelingen seiner „Selbstverwirklichung" jedoch wiederum von den Fürsorgeleistungen der Gesellschaft abhängig macht. Alle Ansprüche an die Gesellschaft sind berechtigt, fordert diese jedoch im Gegenzug eine Gegenleistung, dann übt sie unterdrückerische Zwänge aus und verhindert natürliche Spontaneität.

Die Alternativbewegung schiebt selbstverantwortliches und gemeinschaftsdienliches Handeln folgerichtig ins Unverbindliche ab oder reagiert mit zynischem Opportunismus. Verpflichtungen würden ja die asketische Suche nach Fakten und Beurteilungskriterien sowie ein Leben unter der Geißel des Triebverzichts verlangen. Und gerade davon will das emanzipatorische Lustprinzip den Menschen befreien: Die spontane sexuelle Lust wird von ihren möglichen Folgen befreit, indem die Abtreibung die Konsequenzen entsorgt. Das unbeschwerte Konsumentenleben wird von der Pflicht zur Eigenarbeit und Gegenleistung entbunden, indem der Staat die Vollversorgung gewährleistet.

Es ist klar, daß dieses Gesellschaftskonzept seine Legitimität auf die Säulen Libertinage und Dirigismus abstützen muß. Die Mechanik dieses Herrschaftsprinzips ist einfach. Charismatische Führerfiguren können ihrer „Basis" alles versprechen und beziehen ihre Autorität aus dem Glauben der Anhänger an ihre Kraft, den feindlichen Mächten das Versprochene abzuringen.

Es gehört zur Logik der Tyrannei der Intimität, daß sie um so mehr Heuchelei und Zynismus produziert, je mehr sie den Mythos der Authentizität und den Kult um expressive Emotionalität hochtreibt. Immerzu traten die Priester jener Innerlichkeitsrhetorik in der Kutte der naiven Gläubigen an die gute Natur des Menschen auf und verkündeten den Mythos, die äußere und vor allem innere Befreiung der Menschen werde das Glück und den Frieden auf Erden bringen. Nie werden sie ihre naiv-gutgläubige Anthropologie gegen eine realistische austauschen, weil damit zugleich das Heilsversprechen obsolet würde. Das zwingt sie, neue „Normen" für ihre friedliche Idealpersönlichkeit aufzustellen. „Eine solche Gemeinschaft verhält sich gegenüber Außenseitern feindselig, und in ihrem Inneren grassiert ein ständiger Streit darüber, wer die Kollektivpersönlichkeit ‚wirklich' verkörpert", beschreibt Richard Sennett die Probleme dieser Denkweise. Seiner Meinung nach zerstört sie die politische Kultur, weil Politiker nur noch nach der Überzeugungskraft ihrer emotionalen Selbstdarstellung beurteilt werden, nicht nach ihren Sachargumenten und Handlungen. Damit wächst die Macht der Massenmedien und der großen Manipulatoren der öffentlichen Meinung.

Der Authentizitätskult schafft zudem keine größere Identität zwischen Gefühl und Verstand, Individuum und Gesellschaft, Natur und Kultur. Er liefert stattdessen den Menschen den neuen Hütern des neuen Kollektivideals aus und reduziert sein Mensch-sein auf die Spontaneität seiner physiologischen Reflexe.

Ohne einen gewissen Grad an Selbstkontrolle des Gefühlslebens kann keine Kultur auf Dauer existieren. Jedes gesellschaftliche Leben spielt sich vor und hinter den Kulissen ab. „Wir alle spielen Theater", mit dieser Charakterisierung bezeichnet der Soziologe Erving Goffman das vorder- und hintergründige Spiel zwischen Personen, das nur gelingen kann, wenn diese die Geheimnisse ihres Handelns bei sich behalten können. Um einen Krieg aller gegen alle zu vermeiden, sind Takt, Höflichkeit und Ehrerbietung ebenso notwendig wie Täuschung und natürlich auch Wahrhaftigkeit. Hier das richtige Maß zu finden, ist die eigentliche Aufgabe jeder Kultur.

Der Rückzug der Alternativbewegung auf selbstgewählte Einfachheit, Biokost und neue Natürlichkeit betreibt genau diesen falschen Authentizitätskult. Scharf grenzen sich die Müslis ideologisch von der Konsumgesellschaft ab (lebenspraktisch nehmen sie es freilich selbst nicht so genau). In neuen Gemeinschaftsritualen versuchen sie die Anonymität der Massengesellschaft zu kompensieren (darin sind sie konservativ), doch eben weil sie zwanglose Individualität und „Natürlichkeit" hochhalten, besitzen sie nicht die nötige Kraft und Konsequenz zur kulturellen Stilbildung. Bezeichnenderweise fehlt ihnen — und der Linken überhaupt — jede kritische Theorie der Massengesellschaft. Die Masse, dieses unförmige Objekt ihrer revolutionären Begierde, ist immer Opfer, demnach unschuldig und jeder Kritik abhold. Die Alternativlis sehen die Schattenseiten einer auf oberflächliche Lustbefriedigung versessenen Konsumgesellschaft, doch sie wollen nicht wahrhaben, daß sie mit dieser das Grundprinzip teilen: die Lust. Wem die emotionale Spontaneität der höchste Wert ist, der reduziert den einzelnen auf seine individuell-physiologischen Reflexe, der beseitigt zwar traditionelle Konventionen, vermag jedoch keineswegs gesellschaftliche Zwänge abzuschaffen. Da die Genußfähigkeit zum neuen Maßstab erhoben wird, die sich nur in „natürlichen" Erfahrungen messen läßt, werden körperliche „Normen" entscheidend: z. B. Orgasmus und Idealgewicht. Hinzu kommt: prestige oblige. Nur entsprechender — hoher — Status bezeugt auch den neidischen Augen der anderen, daß man über die entsprechenden Möglichkeiten verfügt. Der einzelne gerät in neue Abhängigkeit zu anonymen Instanzen, zu jenen Modewellen, die ihn über die Werbe- und Kulturindustrie reglementieren. Gleicht nicht der ideale Konsument dem Idealbild des Naiven, der immer neu erstaunt, sich engagiert und mitmachen will — und kauft? Der Zuwachs an Freiheit, den das Lustprinzip verspricht, ist illusionär. Solange das enge Korsett formaler Benehmensriten aufgerissen wurde, um wieder Blut in die Adern der Kultur fließen zu lassen, waren die Lockerungsübungen gut und nützlich. Doch die hochgesteckten emanzipatorischen Ziele haben schnell das Gegenteil bewirkt. Das Lustprinzip ist der Schildknappe der Konsumindustrie. Wer sich ihm verschrieben hat, läuft bald an seinem Gängelband; ob in ratloser Sprachlosigkeit, wie die Alternativlis, die die erhabene Lusttheorie heiß lieben, über die schnöde Konsumpraxis aber hochnäsig lästern und dabei die Augen vor den Zusammenhängen verschließen; oder ob in gutgläubiger Verfallenheit, wie Otto Normalverbraucher, der den Verlockungen von Konsum- und Kulturindustrie mit beinahe masochistischem Vergnügen erliegt.

Von unbeschwerter Entfaltung der Lebensfreude im Zeitalter des Lustprinzips kann denn auch keine Rede sein. Die Zahl derjenigen, die in immer neuen Anläufen zu Klimmzügen nach den Vorgaben neuer Diäten und Kalorientabellen antreten, ist Legion. Sie schwitzen und stöhnen aus Angst, den eigenen Körper und das Körpergewicht nicht mehr steuern zu können. Doch die individuelle Selbstkontrolle mißlingt weitgehend. Unter der Zuhilfenahme von Appetitzüglern, Diätplänen und Fitneßübungen kämpft ein riesiges Heer Übergewichtiger gegen überschüssige Pfunde an, während die Magersüchtigen — darunter überwiegend junge Frauen — unter denselben Problemen nur unter anderen Vorzeichen leiden.

Mit Sprüchen wie „Ich bin dick — na und?“ versuchen alternative Ratgeber dem entgegenzuhalten. Doch diese scheinbar so selbstbewußte Trotzhaltung kann keine Lösung sein. Sie ist die typisch linke Antwort auf die ungebetenen Zwänge der neuen Sozialisationsagenturen (Fernsehen, Werbung), denen man sich selbstverständlich verweigern sollte. Doch haben sich die Betroffenen, die ihr Gewissen mit solch halbgaren Ratschlägen beruhigen, damit keineswegs aus der Konsumgesellschaft verabschiedet. Im Gegenteil, sie bleiben ihr als nur noch hemmungslosere Kunden erhalten, wurden sie doch in ihrer Eßlaune weiter bestärkt. Das Lustprinzip soll nur ja nicht angetastet werden — obwohl Übergewicht auch dann ungesund bleibt, wenn man sich dazu bekennt. Statt dessen wird der einzelne wieder auf sich selbst zurückgeworfen, wird ihm nahegelegt, den Maßstab seines Handelns in seinem Inneren zu suchen und sich nicht nach der Gesellschaft zu richten. Indem man aus der Not eine Tugend macht, werden die Nöte dieser Menschen, die meist ganz andere Ursachen haben, nicht gelindert. Wer glaubt, im Namen der Lust aus dem engen Zirkel des Lustprinzips austreten zu können, gleicht dem Baron, der weiland versuchte, sich beim eigenen Schopf aus dem Sumpf zu ziehen.
Nun ist es nicht weiter verwunderlich, daß die linke Kulturkritik, da selbst auf das Lustprinzip fixiert, die wirkliche Vielfalt der Lebenswelten übersieht und wie gebannt auf die spinnefeinden Konsum- und Naturdeppen starrt. Sie ignoriert außerdem Tendenzen und Akzente, die von der jungen Aufsteigergeneration gesetzt werden: Gepflegte Umgangsformen, elegante Kleidung und selbstsicheres, aber höfliches Auftreten bilden die äußeren Erkennungszeichen dieser Gruppe, die sich gerne zu gemeinschaftlichen Veranstaltungen

trifft. Weit entfernt davon, kritiklos vorgefertigte Schnellgerichte ihrem Stoffwechsel einzuspeisen, legen sie ein ausgesprochenes Qualitätsbewußtsein an den Tag. Das deckt sich interessanterweise mit der ökologischen Zivilisationskritik und einem Ernährungsbewußtsein, die man ansonsten eher aus der Ecke der Rübezahls und Naturapostel zu hören gewohnt ist. Die Nouvelle cuisine verwendet wieder naturbelassene Rohmaterialien, vorzugsweise finden nur erlesene Spitzenprodukte den Weg in den Kochtopf. Peinlich genau wird auf die Angaben über die Zusammensetzung der Nahrungsmittel geachtet. Elitäre Gourmets kämpfen an vorderster Front gegen die hygienisch verpackten Geschmacklosigkeiten der Massenartikel. Seit es eine „neue deutsche Küche" gibt, verstärkt sich auch der Wunsch, wieder selbst zu kochen und dabei kreativ die nationale und lokale Eßkultur neu zu beleben. Das flüchtige Konsumieren von Vorgefertigtem gilt weiterhin als eine uneigentliche, mindere Form des Essens. Gemeinschaftliche Mahlzeiten und Feste begründen neuerdings eine Eßkultur, die an alte Bräuche anknüpft und sie zeitgemäß in neue Formen gießt. Feinschmeckerisches Essen gilt wieder als Ausweis kultivierter Lebensart. Dieser neo-konservative Lebensstil nimmt bewußt Mühen auf sich und unterwirft sich Konventionen. So wird der Anonymität der Massengesellschaft am besten entgegengewirkt.
Es wäre nun übertrieben, in dem Qualitätsbewußtsein der jungen Aufsteiger eine Vorform der asketischen Weltkultur zu sehen. Hier eröffnet sich eher ein neuer kultureller Stil, der allerdings wenig mit dem Gerede vom postmateriellen Konsumverzicht zu tun hat. In der postmateriellen Gesellschaft ist vielmehr der Wunsch nach mehr individueller und sozialer Lebensqualität gestiegen. Das Bedürfnis nach vermehrter

Selbstverwirklichung wollen viele Menschen unter anderem mit neuen Erlebnissen befriedigen. Dabei achten die einen auf Qualität und Stil, die anderen überbieten sich in Materialschlachten. Das hohe Wohlstandsniveau macht die Menschen wählerischer. Sie bevorzugen öfters prestigeträchtige Markenartikel, die ihrer Bezugsgruppe extravaganten Lebensstil demonstrieren soll. Die Folge ist, daß nicht mehr der Grundnutzen, sondern vor allem der persönlich-emotionale und der kommunikative Zusatznutzen in den Vordergrund des Qualitätswettbewerbs getreten sind. Ein Hinweis darauf, daß wir es nicht mit einem Paradigmenwechsel von der Dominanz materieller zur Dominanz immaterieller Interessen zu tun haben, sondern daß der postmaterielle Wertewandel schlechterdings Ausdruck des abnehmenden Grenznutzens von Gütern ist, die in der langen zurückliegenden Wohlstandsphase in hohem Maße angehäuft wurden. Die Postmaterialisten leben also keineswegs nach dem Motto: arm, aber glücklich, sie haben — das ist das Positive — eine bewußte Neigung zu mehr Qualität. Sie unternehmen den Versuch, den Hedonismus der Konsumgesellschaft und das Lustprinzip der Progressiven hinter sich zu lassen.
Boshaften Alternativlis fällt es nun freilich nicht schwer, in den marmorglänzenden, holzgetäfelten und mit Verkäufer-Models bestückten, gläsernen Einkaufspassagen wandelnde Designerpuppen und Schicki-Mickis zu erspähen, die sie dann mit einem Kübel Spott überschütten können. Der Durchschnittskonsument hat sich tatsächlich geändert. Er läßt sich von seinen Launen leiten. Modische, verspielt-verrückte, ganz und gar unnütze Produkte werden (just for fun) gekauft. Hebt die Wohlstandsgesellschaft nun endgültig in den irrationalen Konsum-

rausch ab? Kritische Soziologen machen denn schon Menschen im „Zustand ruhelosen, ewig unbefriedigten Begehrens“ aus. Ohne Vertrauen in die Zukunft kompensieren diese Konsumenten Arbeitsstreß und Sinnlosigkeit mit hemmungsloser Konsumgier.
Doch spätestens bei dieser Generalisierung sind Zweifel angebracht. Obwohl vermutlich jeder schon mal da oder dort im Hier und Jetzt einem gestylten Exemplar konsumrauschsüchtigen Ultra-consumer begegnet ist oder die Kir-Royality im Fernsehen beguckte, dürfte es sich bei den Schickis eher um eine kleine Subkultur handeln, die von den Werbeagenturen gern ins Schaufenster gestellt wird, um der zahlungskräftigen Produktindustrie das Wasser im Munde zusammenlaufen zu lassen. Die Mär vom hemmungslosen Luxuskonsum wird um so lieber geglaubt, als sie mit dem kulturkritschen Vorurteil vom kapitalistischen Konsumterror zusammenfällt. Die Zahlen sprechen nämlich eine andere Sprache. Der Genuß von Alkohol geht beispielsweise zurück. Immer weniger Frauen benutzen Parfüm, und auch der Sektverbrauch, Kennzeichen des Dolce vita, ist rückläufig. In den Renommierbranchen Bekleidung, Schuhe und Leder herrscht harte Konkurrenz. Der Luxuskonsument ist, so ein Kritiker, „ein Yeti, ein Geschöpf, das immer kurz vor dem Erscheinen des Weihnachtsmanns gesichtet wird“. Werbeagenturen und Medien, die den Luxustrend geboren haben, überbelichten gewisse Auswüchse und kehren andere Trends unter den Tisch: Gut für den Anzeigenteil und gut für jene Leser, die ihr Weltbild bestätigt lesen wollen, nach dem oberflächliche Konsumidioten an den „wahren Bedürfnissen“ vorbeileben.

Uniformität der Bedürfnisse?

Die heute von der grün-alternativen Szene gepflegte Konsumkritik geht auf die in neo-marxistischer Sprache vorgetragene, dem Tenor nach aber konservative Kulturkritik von Max Horkheimer und Theodor W. Adorno zurück. In der wohl folgenreichsten Veröffentlichung der Kritischen Theorie, „Dialektik der Aufklärung", trägt Horkheimer einen massiven Angriff gegen die Kulturindustrie vor. Dieses berühmt gewordene Kapitel dient bis heute als Grundlage antikapitalistischer Konsumkritik von links. Aus ihm bezogen jeansbehoste 68er die Argumente, um den flanelltragenden Bürogängern „Konsumfetischismus" vorzuwerfen. Ihre Nachfolge hat inzwischen die Alternativkultur angetreten. Im Blick auf diese Kontinuität ist von Bedeutung, daß das Schwert, das Horkheimer gegen die Konsumindustrie damals schmiedete, unbeirrt zum Waffenarsenal der Grün-Alternativen gehört. Es ist freilich längst stumpf geworden.
Heute, Jahrzehnte später, muß die Frage erlaubt sein, ob die westliche Kultur wirklich dem monotonen Reiz-Reaktionstakt folgt, den die Werbetrommler anschlagen. Bewegt sich die breite Masse tatsächlich in der bunten Einheitswelt aus Konsum und Unterhaltung, während die zornigen jungen und alten Kulturkritiker von oben herab die dumpfen Reflexe der manipulierten Hohlköpfe kommentieren: Vergebt ihnen, denn sie wissen nicht, was sie tun. Sehenden Auges und hörenden Ohres surfen die „aufgeklärten Konsumenten" auf den schäumenden Rundfunk- und Fernsehwellen. Bewußt lassen sie sich reizen, berieseln, anmachen, betäuben; sie sind auf eine fatale Weise unbelehrbar und öffnen den goldenen Kälbern der Konsumindustrie die Wohnungstür, ohne sie vor-

her von den Hohepriestern der Kulturkritik absegnen zu lassen. Angesichts dieser grassierenden Banalität bleibt den Apokalyptikern, die den Zerfall der Kultur konstatieren, nur der Ekel, die Weigerung oder das Schweigen.

Doch ob es tatsächlich sinnvoll ist, auszusteigen und sich alternativ mit selbstgezimmerten Kiefernmöbeln, Jutetapeten, reaktivierten Holzkohleöfen und vollkornschrötiger Biokost einzurichten, ist noch längst nicht ausgemacht. Denn an denjenigen, die die Massenkultur als eine Antikultur begreifen und ihr deshalb ihre Gegenkultur entgegensetzen, hat Umberto Eco eine seltsam elitäre Haltung entdeckt: Sie verlängern die alte bildungsbürgerliche Dichotomie von der einsamen Geistesklarheit des Intellektuellen einerseits und der Stumpfsinnigkeit des Massenmenschen andererseits in die Gegenwart. „Dem Apokalyptiker ist vorzuwerfen", schreibt Eco, „daß er niemals eine konkrete Analyse der Produkte und der Formen, in denen ihr Gebrauch und Verbrauch sich abspielen, versucht. Er reduziert nicht nur die Konsumenten unterschiedslos auf den Fetisch des ‚Massenmenschen', sondern er verkürzt auch das Massenprodukt auf den Fetisch — während er gleichzeitig den ‚Massenmenschen' beschuldigt, sogar die Kunstwerke auf bloße Fetische herunterzubringen. Mit anderen Worten: Statt das Massenprodukt im einzelnen zu analysieren, negiert er es, insgesamt. So scheint es denn bisweilen, das erste Opfer des Massenprodukts sei sein tugendhafter Kritiker selbst. Es ist eines der merkwürdigsten und bewegendsten Phänomene, daß sich die apokalyptische Kritik an der Kulturindustrie als deren eklatanter Bestandteil erweist."

Ist die Alternativkultur demnach der Don Quichotte des Konsumzeitalters? Rebelliert die Alternativkultur gar gegen ein Trugbild? Ist sie einem grobgestrickten Feindbild aufgesessen, das mehr einer pessimistischen Weltsicht denn der Wirklichkeit entstammt? Um diese Frage entscheiden zu können, müssen wir uns einerseits die Horkheimersche Diagnose der Kulturindustrie in Erinnerung rufen und andererseits die Veränderungen des Konsumentenverhaltens nachzeichnen.

Horkheimer fährt gegen die moderne Industriegesellschaft, die er pauschal „Kulturindustrie“ nennt und die er am fortgeschrittenen amerikanischen Modell beobachtete, schwere Geschütze auf. Der Kapitalismus sei die Herrschaft der ökonomisch Stärkeren. Der Marktmechanismus tarne lediglich den Betrug. Er rühme sich, die gleichen Bedürfnisse der Konsumenten mit Standardgütern zu befriedigen, während er doch selbst es sei, der diese Bedürfnisse hervorrufe und vereinheitliche. Die vom Monopolkapital freigesetzte technische Rationalität werde zum Bewegungsgesetz der Gesellschaft, deren Zwangscharakter alles standardisiere und die Wünsche der Verbraucher auf die Erfordernisse der Serienproduktion zuschneide. Jede Spur von Spontaneität des Publikums werde getilgt, Individualität gesteuert und absorbiert. Die Massenproduktion, glaubt Horkheimer, erzeuge immer mehr Gleichheit, das Neue werde ausgeschlossen, allenfalls die Massenreproduktion selbst verbessert. Gnadenlos passe die Härte der Konkurrenzgesellschaft die Menschen an die Logik des Produktionsprozesses an. Dabei sei die Industrie „an den Menschen bloß als an ihren Kunden und Angestellten interessiert und hat in der Tat die Menschheit als Ganze wie jedes ihrer Elemente auf diese erschöpfende Formel gebracht“. Dem Kapitalismus sei es gelungen, „den Schein von Konkurrenz und Auswahlmöglichkeit zu verewigen“.

Lückenlos funktioniert die soziale Kontrolle, obwohl „die formale Freiheit eines jeden garantiert ist. Keiner hat sich offiziell für das zu verantworten, was er denkt."

Die amerikanische Kulturindustrie bekommt erst recht ihr Fett ab. Ihr macht Horkheimer den Vorwurf, daß sie die ganze Welt durch ihr Filter preßt. Film, Fernsehen, Radio, die ganze Kulturindustrie ist beteiligt an der großen Täuschung, „daß die Welt draußen die bruchlose Verlängerung derer sei, die man im Lichtspiel kennenlernt". Die Phantasie, ja die Vorstellung vom Leben selbst soll der Tendenz nach den Zuschauern ab- und in die eigenen Hände genommen werden. Die Kulturindustrie verfügt über die Konsumenten nicht durchs blanke Diktat, sondern durchs Amüsement. „Ihre Ideologie ist das Geschäft ... Amüsement ist die Verlängerung der Arbeit unter dem Spätkapitalismus. Es wird von dem gesucht, der dem mechanisierten Arbeitsprozeß ausweichen will, um ihm von neuem gewachsen zu sein." Die Kulturindustrie hat die Kunst zum Kommerz gemacht.

Die Schwäche aller Kulturkritik war immer schon, persönliche Eindrücke, die Beliebiges und Widersprüchliches beinhalten, zu einem einheitlichen Gemälde der Gesellschaft zu verrühren. Der verlorene Traum von einem goldenen Zeitalter läßt Horkheimer den Blick zurückwerfen auf ein Europa, das sich einen „Rest von Selbständigkeit" erhalten hätte, der bald indes vom „amerikanischen Bewußtsein" überrollt sein werde. Rückblickend erscheint die Horkheimersche Position ressentimentgeladen und abgehoben von der Realität. Die Einseitigkeit dieses Urteils war wohl auch Adorno und Horkheimer bewußt, als sie daran gingen, den Text 1947 und nochmals 1969 den veränderten Zeitumständen anzupassen. Formu-

lierungen, in denen sie „Monopolkapitalismus", „Totalitarismus" und „Faschismus" gleichgesetzt hatten, wurden geglättet. Was allgemein vom Monopolismus oder der totalitären Ordnung gesagt wurde, wird auf den Faschismus beschränkt. Allzu krasse Urteile über westliche Demokratie oder Liberalismus werden abgemildert. Tatsächlich erinnert uns das, was Horkheimer über die Zukunft des Kapitalismus schreibt, viel eher an den real existierenden Sozialismus. Die Vereinheitlichung der Produktion, die Uniformierung der Bedürfnisse, die ameisenstaatähnliche Organisation, das Diktat der Monopolisten, all das bezeichnet exakt die Gestalt der Zentralverwaltungswirtschaft. Dagegen verleiten die pessimistische Weltsicht und die dialektische Methode Horkheimer zu abstrusen Fehleinschätzungen: „Den Konsumenten ist nichts mehr teuer. Dabei ahnen sie doch, daß ihnen um so weniger geschenkt wird, je weniger es kostet." Und: „Je sinnloser Reklame unterm Monopol scheint, um so allmächtiger wird sie." Gerade das Paradox soll diese Thesen bestätigen, statt ihre Mängel anzuzeigen. Horkheimers Dialektik erklärt nicht die Gegensätzlichkeiten der Wirklichkeit, sondern dokumentiert die Widersprüche seiner Theorie.
Wenn überhaupt, dann paßt die Horkheimersche Beschreibung noch auf die goldenen 50er Jahre, auf die glorreichen Zeiten des Wirtschaftswunders, als das kleine Glück des Konsums an die Reihenhaustüren klopfte. Irgendwie paßt das Horkheimersche Schreckgemälde auf jene Aufbaujahre, wo dem Tüchtigen und Zuversichtlichen die Zukunft gehörte, wo die Vergangenheit, der Hunger und das Elend wegrückten, wo die erzwungene Enthaltsamkeit des Krieges durch freudig begrüßte Freß-, Wohn-, Mode- und Reisewellen besiegt wurde. Überall im Westen brach der tech-

nische und wirtschaftliche Fortschritt die alten Klassenschranken endgültig auf und hinein strömte ein schichten-, klassen- und generationenübergreifender Alltagskonsens: der Zeitgeist der 50er Jahre. Der neuentstehende Mittelstand orientierte sich an einer homogenen bildungsbürgerlichen Kultur und wies den am Rande stehenden Bohemien-Existenzen und Halbstarken-Provos periphere Positionen zu. Er bildete den Prototyp der harmonischen, fröhlichen deutschen Familie aus, bestehend aus der adretten, stets lächelnden Frau an der Seite des tüchtigen Mannes, die den wohlgeratenen Nachwuchs mit sicherer Hand in das Erwachsenendasein führt und sich fast ängstlich von der Werbewirtschaft und den Politikern sagen ließ, was man tut oder nicht tut. Der Gleichschritt, in dem diese Generation die Wirtschaftswunderwelt durchschritt, konnte von einem oberflächlichen Beobachter als materialistisch und konsumgesteuert denunziert werden. Der 68er Generation, die sich von der Zeit ihrer „spießigen" Eltern absetzen wollte, kam die Horkheimersche Schelte gerade zupaß.

Ergänzend dazu machte bald in kulturkritischen Kreisen — konservativen wie neomarxistischen — das Schlagwort des Amerikaners David Riesman von der „einsamen Masse" die Runde. Er unterschied drei Gesellschaftsformen, denen er drei Sozialtypen zuordnete: Der traditionsbestimmte Mensch lebte in einer fast unveränderlichen Welt, die von festen Verhaltensregeln, Ritualen, Sitten, Bräuchen und dem Fehlen der Wahlmöglichkeiten charakterisiert war. Die Neuzeit bringt den selbstbestimmten Menschen hervor, der eine größere Breite von Handlungsmöglichkeiten besitzt und der sich an allgemeinen Werthaltungen orientiert, die ihm einen größeren Handlungsspielraum lassen. Dieser Sozialtyp, der unsere moderne Welt geschaffen hat, droht nun nach Riesman in den westlichen Metropolen vom fremdbestimmten Menschen ersetzt zu werden. Aus diesen setzt sich die einsame Masse zusammen, die sich selbst dem Imperativ der Anpassung ausliefert. Die Ablösung des selbstbestimmten Menschen durch den fremdbestimmten gleicht für Riesman, und das wird heute gerne übersehen, dem Wechsel von der Erzeugerhaltung zur Verbraucherhaltung. Die selbstbestimmte Gesellschaft war produktionsorientiert, während die fremdbestimmte heute konsumorientiert sei. Habe sich der Individualist noch Fernziele gesetzt, so orientierte sich der außengeleitete Mensch am Mittelmaß der Gruppe. Freizeit und Vergnügen sind ihm wichtiger als Arbeit. Auf Verbrauch legt er mehr Gewicht denn auf Leistung. Er verbleibt in der Rolle des Zuschauers, der das Handeln den Politikern überläßt und folgt darin der typischen Haltung der unteren Schicht, die Abhängigkeit als ihr Schicksal begreift oder, wenn's nicht anders geht, dagegen rebelliert. Die Riesmansche Typologie, das ist schwerlich zurückzuweisen, beschreibt die in der Dienstleistungsgesellschaft veränderte Rolle des Kleinbürgers, trotz aller Verzeichnungen, besser als Horkheimers Zerrbild. Die außengeleitete Gesellschaft entsteht durch die allmähliche Selbstauslieferung an den genußorientierten Konsum. Doch auch an Riesmans Diagnose irritiert uns Heutige die alles verallgemeinernde Oberfläche und Einheitlichkeit.

Die Kulturkritiker starrten auf das polierte Werbegesicht der Konsumindustrie, ohne den sichtbaren Wandel seiner Gesichtszüge zu bemerken. Im Vordergrund der beginnenden Wohlstandsgesellschaft stand die Befriedigung des Grundnutzens. Ursprünglich hatte der Kunde im Tante-Emma-Laden anonyme Waren gekauft, für deren Qualität ein unmittelbares Vertrauensverhältnis zu dem Händler bürgte. Dagegen trat die Massenproduktion mit der Erfindung des Markenartikels an. Das Vertrauen wurde jetzt auf die Ware selbst übertragen. Das wiederum begünstigte die Entstehung von Selbstbedienungsläden, ihrerseits eine Reaktion auf die Konzentration der Bevölkerung in den Ballungszentren. Die ersten Marken — berühmt sind Persil, Odol, Nivea — garantierten zuerst einmal Qualität. Sie konkurrierten untereinander über den Preis. Die deshalb zurückgehende Rendite konnte nur durch Massenabsatz aufgefangen werden. Kulturkritiker à la Horkheimer, noch ganz der kommunistischen Verelendungstheorie verhaftet, unterschätzten gänzlich den Einfluß des Verbrauchers. Er war es, der die Produktindustrie in einen unbarmherzigen Qualitäts-, Preis- und Erhältlichkeitswettbewerb zwang und eine langsame, aber unaufhaltsame Machtverschiebung zwischen der Produktionsmacht Industrie und der Einkaufsmacht Handel zugunsten des Handels bewirkte. Daß ein Markenartikel heute ein hohes Qualitätsniveau besitzt, unbeschränkt erhältlich und dazu noch preiswert ist, stellt für den Verbraucher mittlerweile eine Selbstverständlichkeit dar.

Der Siegeszug der Markenartikel kam also den Bedürfnissen des Verbrauchers entgegen und hat die Menschen nicht uniformiert — wie im Ostblock —, sondern seine Entscheidungsvielfalt erhöht. Eindeutig überzogen ist also Pier Paolo Pasolinis harsche Anklage: „Der Zwang zum Konsum ist ein Zwang zum Gehorsam gegenüber einem unausgesprochenen Befehl. Jeder in Italien steht unter dem entwürdigenden Zwang, so zu sein, wie die anderen: im Konsumieren, im Glücklichsein im Freisein; denn das ist der Befehl, den er unbewußt empfangen hat und dem er gehorchen muß, will er sich nicht als Außenseiter fühlen."

Pasolini geißelt hier eine gleichgeschaltete Gesellschaft, die in dieser Form eben nicht existiert. Eine sich entstrukturisierende Gesellschaft leidet heute weniger unter Anpassungsdruck denn unter Gleichgültigkeit ihrer Mitglieder. Wenn überhaupt, dann trifft diese Beschreibung am ehesten noch auf die Anfangszeit der Markenartikel zu.

Trotzdem hat Pasolinis Schelte einen wahren Kern, von dem man das wuchernde Gehäuse freilich erst abziehen muß: „Der Konsumismus ist nichts anderes als eine neue Form des Totalitarismus, denn er totalisiert alles und treibt die Entfremdung bis zur äußersten Grenze der anthropologischen Degradierung, ja bis zum Völkermord; woraus sich ergibt, daß seine Liberalität bloß vorgetäuscht ist; sie ist die Maske der schlimmsten Repression, die je gegenüber den italienischen Massen ausgeübt wurde." Pasolini artikuliert hier die alte konservative Angst vor der totalitären Konsequenz der technischen Rationalität, wie sie Kapitalismus und Kommunismus mehr und weniger erfolgreich entfesselten. Hat die liberale und sozialistische Fortschrittsbewegung, muß sich Pasolini fragen lassen, nicht insofern ganze Arbeit geleistet? Die gewachsenen traditionellen Lebensformen sind weitgehend verschwunden, Beziehungen werden vorwiegend über das Geld geregelt, ein klassenübergreifender Hedonismus ist sich einig in der Haltung, daß das Beste gerade gut genug sei. Noch größere Schwierigkeiten, mit dieser Dynamik Schritt zu halten, hat die Dritte Welt. Der Haß gegen West und Ost, der uns etwa vom islamischen Fundamentalismus entgegenschlägt, ist nur mit dessen Anpassungsschwierigkeiten zu erklären.

Doch noch ein zweites blieb den Kulturkritikern verborgen. Der Unterschied zwischen Kulturproduktion und Warenproduktion. Horkheimer hatte die beiden kaum unterschieden. Er sah im Westen eine einheitliche Bühne, zu der die Kultur die Illusionen und die Industrie die Requisiten stellte. Doch mögen sich die beiden auch auf ihre Art ergänzen, so sind unter dem Firnis der Komplementarität doch Unterschiede und Brüche sichtbar. Horkheimer hatte sehr feinsinnig erkannt, daß die Kulturindustrie die ganze Welt zum Kino, zur Chimäre machen will. Er sah in ihr die Täuschung gelingen, „daß die Welt draußen die bruchlose Verlängerung derer sei, die man im Lichtspiel kennengelernt". Und doch nahm er, vom Monopolcharakter des Kapitalismus überzeugt, die Kulturindustrie lediglich als Stütze der Produktindustrie wahr. Die Kultur übernahm ein moralisches Wächteramt, das die Arbeitnehmer bei der Stange zu halten hatte. Mittlerweile ist diese Einheit längst zerbrochen. „Man könnte mit Freud sagen, daß die für die Arbeit benötigte Disziplin von der auf die Kultur gerichteten Libido bedroht wurde" (Daniel Bell). In der Sphäre der Unternehmen ist weiterhin das alte Arbeitsethos von Arbeit, Sparsamkeit, Karrierewille und Opferbereitschaft gefragt. In der Sphäre der Kultur hingegen locken die Medien die Menschen auf die falsche Fährte der total emanzipierten, individualisierten, genußsüchtigen und erfolgreichen neuen Halbgötter und Stars, oder sie rücken — seltener — mit zugleich effekthaschendem und anklagendem Ton seltsame und abartige Verhaltensweisen ins beste Licht, damit sie anderen als Vorbild dienen. Zwischen beiden Sphären changiert aufgeregt das Marketing.

Man kann die Kulturindustrie von der Produktindustrie nicht trennen, aber man muß sie voneinander unterscheiden, will man ihre differente Wirkung auf die Massenkultur verstehen. „Immerwährend betrügt die Kulturindustrie ihre Konsumenten um das, was sie immerwährend verspricht", dekretierte Horkheimer. Von der Produktindustrie läßt sich das so nicht behaupten. Der Porsche, um ein Beispiel zu nehmen, löst die Versprechungen seiner Werbebotschaft nahezu ein: Er ist so schnell, so lang, so breit, so komfortabel und so sportlich wie die technischen Daten angeben. Sein Preis steht fest. Jeder bekommt ihn, wenn er das Geld auf den Tisch legt, und schon überträgt sich sein Image auf den Käufer. Natürlich ist er Statussymbol, natürlich bietet er mehr als reine Nützlichkeit, was die linken Kulturkritiker, die Sinnproduzenten (aus Konkurrenzgründen?), erbost; natürlich gilt: Ein Nerz hat nicht den Zweck, eine Frau warm zu halten, sondern ruhig, und ein Porsche hat nicht den Sinn, die Mobilität zu erhöhen, sondern die Potenz. Doch erfüllen sie nicht viel eher diese — sicherlich fragwürdigen — Wünsche, während die Kulturindustrie kein einziges ihrer Versprechen einlöst. Wer in den verknautschen Trenchcoat à la Humphrey Bogart schlüpft, lässig filterlose Zigaretten raucht, den Whisky pur nippt und gekonnt den Blick zwischen Hutkrempe, Thekenkante und dem Dekolleté der Brünetten am Hintertisch zirkelt, hat deshalb noch gar nichts erhalten: Er ist nicht im Fernsehen, bleibt unbeachtet, kommt nicht in die Zeitung, bezieht keine Millionengagen, hat keine Frauenaffären mit Vamps; die Western- und Frauenhelden, die tagtäglich frisch aufgeladen den Kinos entströmen, können von Glück sagen, wenn sie mit ihren Spleens und Idolatrien in einer Subkultur heimisch werden, die ihnen allmählich gestattet, auf

die Show zu verzichten und zum Gedenken daran die Stammkneipe Casablanca tauft.
Die Produktindustrie wirbt mit dem Neuen oder meist mit der Verbesserung des Alten. Der Kulturindustrie dagegen blieb es vorbehalten, die Vorzeichen zu verzerren. Sie vermag das Häßliche ins Schöne zu verwandeln, indem sie es dazu erklärt. Sie benützt nicht die Sensation, um Publizität für etwas Dauerhaftes zu erlangen — so wie etwa das Plakat den Markenartikel in Erinnerung hält —, sie ist Publizität um ihrer selbst, um ihrer Selbstinszenierung willen. So entsteht der Eindruck, die Sensation an sich sei schon Kunst. Das Neue ist das Bessere, sagt der Produzent. Die Kulturindustrie überbietet ihn: Das Ungewöhnliche ist das Bessere. Tabuverletzung wird zur Pflicht, Ästhetisierung zur Kür. Natürlich hat auch das seine Grenzen: Überall, wo die wabernde Beliebigkeit zu festen Formen gerinnt, wo aus Form Gesetz wird und aus Freiheit Verantwortlichkeit, dort wird es langweilig, weil der Protest zur Ruhe gekommen ist. Die Kulturindustrie, die permanente Revolution, wirkt deshalb so atemlos, weil sie keinen Atem hat. Ruhe ist ihr Tod, Kontinuität ihr Untergang.
Gerade die Kulturindustrie ist es, die eine Schallmauer errichtet hat zwischen der tauben Unterwelt der namenlosen Masse und der schrillen Halbwelt derer, die es geschafft haben, im Scheinwerferlicht der Blender ihre Rolle zu spielen. In den dollarstückgroßen Augen der Kulturindustrie zählen die einen nur als Nullen und die anderen nur als mehr oder weniger austauschbare Größen, diesen Nullen vorangestellt, um die Gesamtsumme einzuspielen.
Nach dem Motto „Haltet den Dieb" verfährt die linke Kulturrevolution, wenn sie heute der Produktindustrie die Verantwortung für die Anonymität, Einsam-

keit und Oberflächlichkeit der Gesellschaft anlastet. Noch Mitte der sechziger Jahre bildete die Werbefamilie im Fernsehen in geschönten Tönen die Kleinfamilie ab — Vati, zuständig für Technik und Finanzen, Mutti für Kinder und Küche, umgeben von wohlerzogenen Kindern mit leuchtenden Augen. 1968 kriselte es bei Saubermanns. Die Werbung versachlichte sich (Ärzte und Fachleute in weißen Kitteln traten auf) unter dem Vorwurf, traditionelle Rollenklischees zu reproduzieren und den Status quo zu verfestigen. Eine fortschrittsgläubige Kulturindustrie zielte auf Veränderung. Die kam dann auch: Zwanzig Jahre später hat sich die Scheidungsrate vervielfacht; die harmonische Ehe wurde zur zerrütteten Beziehungskiste; alleinerziehende Mütter oder Väter versorgen einsame Einzelkinder und wollen ihre Wunden geleckt wissen. Bis heute hält die Werbung aber „immer noch" am Idealbild der vollständigen Familie fest — mit gewissen Korrekturen an den Geschlechterrollen. Sie bedient hier mittlerweile eine Sehnsucht nach Harmonie und mehr und mehr eine Illusion, und sie bestätigt in viel geringerem Maße als früher vorhandene Identitäten. Zerrüttete Familien sind eben unglücklich — und das verkauft sich schlecht.

Die einebnenden Folgen der Warenproduktion sind also weniger gravierend als die Einebnung jeder Identität durch die kosmopolitische, androgyne und anarchistische Gleichheitsdoktrin der Kulturindustrie, die zwar Ungleichheiten akzentuiert, ja von Schwarzweißmalerei geradezu lebt, zugleich aber ihre beliebige Austauschbarkeit suggeriert nach dem Motto: Alles ist möglich. Das Leben wird zum Drehbuch. In der säkularisierten Gesellschaft schält sich die äußere, feste Schale der Kollektividentität (Religion, Tradition, Nation) allmählich ab, an ihre Stelle treten als unsicherer

Ersatz die darunterliegenden Berufs-, Rollen- oder Ich-Identitäten. Sie sind anfälliger für eine progressive Medienidentität, die, ob sie nun Helden oder Antihelden produziert, immer eine Seifenblase bleiben wird.
Das Urteil der Kulturkritiker der 50er Jahre war also ziemlich ungerecht, einseitig und kurzsichtig. Anfang der 60er Jahre gesellte sich ihnen der amerikanische Wirtschaftswissenschaftler John Galbraith zur Seite, der den alten Vorwurf wiederholte, die Wirtschaft erzeuge nur künstlich Bedarf, wo in Wirklichkeit gar kein Bedarf vorliege: „Je mehr Bedürfnisse befriedigt werden, desto mehr neue entstehen." Die Industrie verhalte sich wie ein Glasermeister, der nachts Fensterscheiben einschlage, um sie am nächsten Tag ersetzen zu können. Galbraith schlug vor, das Schwergewicht von Wirtschaftswachstum und privatem Wohlstand auf die Kultur und die Steigerung des öffentlichen Wohlstands zu verlagern. Was als Kulturkampf gemeint war, beschrieb in Wirklichkeit jedoch eine vorhandene, von den Konsumenten bereits beschrittene Tendenz, die in den 70er Jahren hierzulande endgültig den Namen Lebensqualität erhielt.
Nachdem die Grundbedürfnisse weitgehend befriedigt waren, nahm die Suche nach neuen Werten und die Verlagerung der Bedürfnisse zwangsläufig zu. Entgegen den Befürchtungen der Kulturkritiker hatte die Technik nicht zu einer absoluten Nivellierung, sondern in ihrem Bereich zu einer Qualitätssteigerung geführt, die die Möglichkeiten des einzelnen zur Selbstverwirklichung steigerte, wenngleich auch nicht mit ausschließlich positiven Folgen. Selbstverwirklichungsangebote müssen schließlich auch genutzt werden.

Es ist unfair, den neuen Technologien die ganze Schuld an der Kommerzialisierung und dem damit verbundenen Niveauverlust in die Schuhe zu schieben. Einmal darf der Löwenanteil des egalitären Zeitgeistes nicht vergessen werden. Außerdem haben wir gesehen, daß die nivellierende Tendenz nicht alles gleichermaßen erfaßt hat. In den 80er Jahren gibt es deutlich sichtbare Gegenströmungen. Zweifellos hat der technische Fortschritt gewaltige Chancen eröffnet und die Geschichte entscheidend beeinflußt. Wählen wir ein Beispiel: Vor 100 Jahren traten die Schallplatte und das Grammophon ihren gigantischen Siegeszug bis in die Höhen der heutigen Musikindustrie an. Die Töne, erst auf krächzende Wachswalzen gebannt, dann auf Schellacks, später auf Magnettonband und Kassette, in Stereo oder Quadrophonie verewigt, gelangen heute in perfekter Klangqualität von laserabgetasteten Compact-Disc-Hifi-Anlagen an unser Ohr. Rundfunk und neuerdings Videoclips tragen die Schallplatte als „Kulturträger" in die Wohnstuben aller Schichten. Adornos Prognose, die Hausmusik werde absterben, weil wir mit der steigenden Perfektion in der technischen Wiedergabe erstrangiger Musik unser eigenes Geklimper bald nicht mehr zu ertragen imstande sein würden, hat sich nicht bestätigt. Wer will und kann, der musiziert — auf immer besseren technischen Instrumenten. Was man spielt, ist Sache des Geschmacks, der weniger von der Technik als vom Kulturbetrieb gebildet wird.

Gewiß hat die Technik mitgeholfen, die Musikszene hemmungslos und zumeist auf Kosten künstlerischer Integrität zu kommerzialisieren, indem sie alles leichter machte. Die Musikbranche verlegte sich auf die

Vermarktung weniger telegener Stars, ein Massenpublikum auf passiven Hörgenuß. Auch hat die problemlose Verfügbarkeit jeder Art von Musik das Hörerlebnis entzaubert und die Kulturform Musik einerseits individualisiert, andererseits als Massenerlebnis kollektiviert. Die Technik hat die Massenmedien in die Lage versetzt, Musik allen Bildungs- und Einkommensschichten ohne Ausnahme zugänglich zu machen. Der Preis dieser Demokratisierung dürfte der hohe Anteil seichter Schlagermusik sein.
Doch wer die Kommerzialisierung beklagt, darf dies nicht der Produktindustrie anlasten, die alles herstellt, was nachgefragt wird, sondern muß sich an jene Instanzen wenden, die dem Kulturbetrieb die Werte vorgeben. Und diese stehen längst nicht mehr auf Leistung und Qualität, sondern auf Lust und Genuß.
Vance Packard erläuterte Ende der fünfziger Jahre zu Beginn des Wertewandels die ethische Strategie der „geheimen Verführer", die dem Durchschnittsmenschen von nun an erlaubten, „sich für moralisch zu halten, auch wenn er flirtet, auch wenn er Geld ausgibt, auch wenn er nicht spart, sogar wenn er zwei Urlaubsreisen im Jahr macht und einen zweiten oder dritten Wagen anschafft. Eines der Grundprobleme dieses Wohlstandes besteht demnach darin, den Leuten die Sanktion und die Rechtfertigung zu geben, den Wohlstand zu genießen, und ihnen darzutun, daß ihre lustvolle Lebensauffassung eine moralische und keine unmoralische ist."
Die permissive Gesellschaft gestattet der Werbung, gleich direkt die Triebenergien, ohne vorgeschaltete rationale Blockaden oder lästige Sachüberlegungen, anzuzapfen und macht es ihr leicht mit dem „Griff nach dem Unterbewußten" (Packard). Im praktischen

Ergebnis ist das Lustprinzip eine Theorie der Selbstentmündigung.
Der Einfluß der Kulturindustrie auf die Massengesellschaft darf keineswegs gering veranschlagt werden. Der sture Blick auf Technik und Produktindustrie vermag den Wandel der Konsummentalität nicht allein zu erklären. Verstärkte Einäugigkeit bringt noch keine größere Klarsicht. Die egalitäre Kulturrevolution, die sich Ende der sechziger Jahre umfassend ausbreitete, schuf ein allgemeines Unbehagen an Unterschiedlichkeit, sie stieß sich an Unterschieden von Positionen und Leistungen. Damals begann auch die Wertschätzung für die Markenartikel als Qualitätskriterium dramatisch zu sinken, was kaum mit einer plötzlichen Kompetenzerweiterung der Verbraucher und auch nicht hinreichend mit der allgemeinen Qualitätssteigerung, die Vergleiche nebensächlich macht, erklärt werden kann. Der Anteil der Hausfrauen, die am liebsten bekannte Markenerzeugnisse kaufen, ging im Schlüsseljahr 1968 von 51 Prozent in nur 6 Jahren auf 30 Prozent zurück und hat sich seitdem auf diesem niedrigen Niveau stabilisiert. „Qualität und Qualitätsorientierung ist untrennbar mit festen Normen und einer Hierarchie des Höher und Niedriger, des Besser und Schlechter verbunden; eine gesellschaftliche Strömung, die auf Egalisierung drängt, macht Qualitätsunterschiede verdächtig“, erläutert die Meinungsforscherin Renate Köcher die Trendwende.
Dieser neue und egalitäre gesellschaftliche Druck erzeugte eine Paradoxie: Offiziell werden Produktunterschiede geleugnet, die durchaus wahrgenommen werden. Während die Verbraucher zunehmend betonen, es gäbe eigentlich keine nennenswerten Unterschiede zwischen den verschiedenen Herstellern, differenzieren sie gleichzeitig unverändert scharf zwischen be-

kannten Marken, die ihnen von Meinungsforschern zur Beurteilung vorgelegt werden. Ähnlich paradox ist das Preisbewußtsein der Konsumenten. So ist die Hälfte der Kosmetikverbraucherinnen überzeugt, daß der Preis für Kosmetika nicht viel über deren Qualität aussage. Legt man ihnen dann verschiedene Marken vor, so zeigt ihre Einschätzung eine auffällige Übereinstimmung zwischen Preis- und Qualitätsbeurteilung. Besonders teure Marken wurden auch von den Verbraucherinnen, die mit ihnen noch keine Erfahrung gesammelt hatten, als qualitativ außerordentlich hochwertig eingeschätzt, preiswerte Marken dagegen auch qualitativ relativ niedrig. Man sollte das nicht mit weiblicher Logik abtun. Die Konsumgesellschaft hat einen schlechteren Ruf als sie verdient, und die Konsumenten halten mehr von ihr, als sie zugeben. Die Diskrepanz erklärt sich aus dem progressiven Zeitgeist, der das Vorhandene abwertet und die Erwartungen steigert. Das erzeugt Unzufriedenheit.

In der Politik bietet sich ein ähnliches Bild. Obwohl der Anteil der politisch Interessierten, wohl infolge des Fernsehens, von 1952 bis heute von 27 auf 50 Prozent anstieg, erhöhte sich der Anteil der in politischen Dingen gut Informierten, die über ein fundiertes politisches Wissen verfügen, im selben Zeitraum nur von 11 auf 13 Prozent. Mehr mediale Informationsberieselung bedingt keineswegs ein fundierteres Wissen. Aber jeder hält sich für gut informiert.

Im narzißtischen Zeitalter haben sich die Dimensionen noch einmal verschoben. Objektive Elemente wie Verarbeitung, Material, Haltbarkeit treten gegenüber subjektiven und ästhetischen Kriterien zurück. Bequemlichkeit und Zweckmäßigkeit, vor allem aber Design und Stil gewinnen an Bedeutung. Der Preis selbst ist nur noch für Personen mit niedrigem ökono-

mischen Status entscheidend. Produkte werden nach ihrer Eignung zur Selbstdarstellung und Verdeutlichung des eigenen Lebensstils und Geschmacks ausgesucht. In den Vordergrund tritt die Frage, ob das Produkt zu mir paßt, ob es die ästhetischen Bedürfnisse befriedigt, ob es zu einer einheitlichen Identität beiträgt, auch nach außen hin der Umwelt gegenüber. Viele Kaufentscheidungen werden spontan gefällt.
Die liberale Vorstellung vom rein rational entscheidenden homo oeconomicus war, wie man sieht, eine Illusion. Mehr unterbewußt als bewußt sorgt der Kunde für ständige Qualitätskontrolle und Konkurrenz unter den Anbietern. Der Konsument von heute ist nicht kritischer geworden, sondern launischer. Sein Appetit auf Abwechslung treibt die Marketingstrategen in die Verzweifelung. Der postmoderne Konsument ist mit Werbung groß geworden. Sie ist ihm tägliche Routine und mit ihm mitgewachsen. Am Anfang lobten und priesen die Werbedichter in höchsten Tönen, bis sie merkten, daß der Kunde die Superlative nicht mehr glaubte.
Der Konsument, das unberechenbare Wesen, ist abgebrühter geworden, wenn auch nicht weniger bezwingbar, wie erfolgreiche Werbefeldzüge beweisen. In den Illustrierten blättert er, beim Fernsehen schaltet er heute über die ausgeklügelten Botschaften der geheimen Verführer hinweg. Damit trotzdem etwas hängenbleibt, muß mit originellen Ideen und persönlichem Zuschnitt geworben werden. Im Zeitalter des Narzißmus (Christopher Lasch) inszeniert sich jeder selbst, sehnt sich der neue Konsument nach neuen Inhalten, mehr Sinngehalt, mehr Gefühl, oder er sucht Gleichgesinnte mit gemeinsamen Erkennungszeichen. Im Zeitalter des Narzißmus besteht Selbstverwirklichung „aus nichts anderem als dem Wunsch, überall

immer bewundert zu werden, und zwar nicht für seine Leistungen, sondern einfach als man selbst, unkritisch und ohne jeden Vorbehalt" (Lasch). In der Pose cooler Abgeklärtheit opfert der neue Konsument dem Mythos Freiheit, der Freiheit, anders zu sein. Nonkonformität ist Trumpf. Die ästhetische Avantgarde, die Boheme der zwanziger Jahre, hat sich — freilich auf tieferem Massenniveau — durchgesetzt.

Demonstrative Imagepflege erfordert demonstrativen Konsum — oder demonstrativen Konsumverzicht. Hedonismus oder neue Bescheidenheit, beides sind nur zwei Seiten derselben narzißtischen Medaille. Mumm gegen Mineralwasser, Fitneß gegen Fadneß, Schönheitsfarm gegen Gesundheitskur, Austern-Snack gegen Müsli-Riegel. Die Verwirrung wird noch größer, wenn man weiß, daß ein und derselbe Konsument nicht immer eindeutig zuordbar ist. So wie der Manager außer Kaviar auch mal Spaghetti ißt, so selbstverständlich spart der fahrradfahrende Alternativli für den Trip nach Indien — per Jumbo natürlich. Die Bio- und Naturkost ist der Silberstreifen am dunklen Horizont des ausgereizten Lebensmittelhandels, und das, obwohl das Angebot der Reformhäuser bis zu 160 Prozent teurer ist als das des herkömmlichen Lebensmittelmarktes. „Bio" ist längst außerhalb der militanten Müsli-Szene zum Qualitätssiegel avanciert.

Das postmaterielle Eigenlob von der angeblichen Konsumverweigerung und dem sanften Ausstieg aus den Kategorien der Macht und des Prestiges, das sich die Grün-Alternativen zugute halten, bedarf näherer Betrachtung. Der mittlerweile wieder beachtete amerikanische Soziologe Thorstein Veblen hat in seinem Buch „Theorie der feinen Leute" (1899) eine weit bessere Klassentheorie als Marx entworfen, weil sie den engen Dualismus von „Arbeit und Kapital" durch die Unterscheidung von Güterproduzenten und Sinnproduzenten erweitert. Veblen stellt der „Klasse der produktiven Arbeit“, der Ingenieure und Arbeiter, die „Muße- oder Luxusklasse“ gegenüber, die jene dadurch ausbeutet, indem sie die Arbeit sozial verächtlich macht und die Werte und „Prestigeregeln festsetzt“, also den „Sinn des Lebens“ bestimmt. Veblen erkannte, daß von der Beherrschung des sozialen Wertbewußtseins (nicht nur vom Privateigentum) die Klassenherrschaft in der Gesellschaft ausgeht. Die „leisure class“ pflegt ihre Muße „1. aufgrund der Auffassung von der ‚Unwürdigkeit‘ der produktiven Arbeit, 2. um zu beweisen, daß man es sich leisten kann, ein untätigen Leben zu führen“. Auf diese Unterscheidung gründete Helmut Schelsky sein Zweiklassenmodell der „Priesterherrschaft der Intellektuellen“, die als Sinnvermittler im Medien-, Bildungs- und Kulturbereich die Kulturindustrie verwalten. Bei ihnen muß man anklopfen, wenn man nach dem Zustand der Konsumgesellschaft fragt.

Wer hat denn nun den Konsumenten so flatterhaft gemacht, wenn das Marketing, die geheimen Verführer, es nicht waren, fragt der Werbemanager Peter Rudolph und identifiziert als Urheber Film und Funk, die Illustrierten und unsere Nachbarn: „Die Werbung kommt ohne die Impulse der Avantgarde des Spielfilms, des Schauspiels nicht aus.“ Rudolph nennt ein Beispiel: Benetton. 1966 haben vier italienische Geschwister in einer Kleinstadt angefangen. In den siebziger Jahre waren sie bereits eine Marke. Heute hat Benetton 3200 Läden in 50 Ländern und investiert konsequent in ein Konzept: United Coulours of Benetton. Zu dem Benetton-Konzept hat der „spirit“ der jungen, weltoffenen Generation entscheidend beigetragen. Die Schicki-Mickis, die diesem Zeitgeist aufsitzen, akzeptieren die Rolle, nur als Tourist die Wirklichkeit zu bereisen. Sie müssen sich hüten, Stellung zu beziehen, die Distanz des Besuchers aufzugeben. Obwohl sie darum wissen, müssen sie vermeiden, an die Grenzen der gestylten Heiterkeit zu stoßen, wo das Lächeln aufhört, wenn die Blitzlichter verstummen, wo die Freundlichkeit vom Trinkgeld abhängt. Nur ein zahlender Konsument ist ein guter Konsument. Und so mancher, der sich schließlich die „falsche" Werbefassade vom „richtigen", alternativen Bewußtsein entlarven ließ, landet wieder im selben Medienzauberland, das Rudolph treffend „New Age" nennt: „Die Verschmelzung von Mythen und Ratio, Erotisierung des Lebens, die Versinnlichung des gesamten Alltags, Entdeckung der Sanftheit im Umgang mit der Welt – all das sind Manifeste, Bewegungen unserer westlichen Kultur, die in den Chefetagen der Industrie längst ernst genommen und diskutiert werden."

Unser Ausflug in die bei näherem Hinsehen facettenreiche Entwicklungsgeschichte der Konsumgesellschaft war nötig, um uns zurechtzufinden zwischen den Schuldzuweisungen und Apologien, die unsere Einstellung zu diesem wichtigen Lebensbereich beeinflussen. Ob wir unsere Identität an der Kleiderstange kaufen, wie die Schicki-Mickis, oder ob wir aus dem Konsumzeitalter zu desertieren versuchen, wie die Grün-Alternativlis, stellt oft die Weichen fürs Leben. Unsere Betrachtung hat zunächst gezeigt, daß die pauschale Verurteilung der Produktindustrie ungerecht ist und zudem nicht zutrifft. Die Technik verbessert die Produkte und macht sie preiswerter. Sie hat keineswegs zur viel beklagten Uniformierung der Bedürfnisse beigetragen, im Gegenteil, Verbraucher und Hersteller versinken im Überangebot sogenannter „individual products". Ob sich neues Know-how in

billiger Wegwerfproduktion oder in intelligenten Produkten niederschlägt, hängt vom Qualitätsbewußtsein der nachfragenden Konsumenten ab, doch wird dieses Bewußtsein durchaus nicht ausschließlich von der Produktindustrie programmiert. Die Kulturindustrie, dem Lustprinzip der ästhetischen Avantgarde verpflichtet, spricht da so manches kräftige (Werbe-) Wort mit. Produkt- und Kulturindustrie haben beide Anteil an der Individualisierung der Gesellschaft, an der Vielfalt der Lebensstile, die heute zur Auswahl stehen. Trotz dieses Entscheidungsreichtums hat die Klage über die konsumfixierte Oberflächlichkeit und das infantile Verlangen nach Sofortbefriedigung weiter Teile der Bevölkerung ihre Richtigkeit und Berechtigung. Es ist ein im Grunde konservatives Lamento, das da laut wird, weil dem Verlust des Maßes, der Bescheidenheit, des Benehmens, des Beharrungsvermögens nachgetrauert wird. Aber war es nicht die linke Kulturrevolution, die heute in dieses Klagelied einstimmt, die das Leistungsprinzip herabwürdigte und nun die Quittung dafür im billigen Kommerz bekommt, die die spontane Genußfähigkeit zum Ideal erhob und sich nun über das niedrige Geschmacksniveau der Fast-food-Gesellschaft mokiert? Sie hat dem Lustprinzip zur allgemeinen Anerkennung verholfen, das die Gesellschaft, trotz zunehmender Individualisierung, nach dem uniformen Maßstab narzißtischer Selbstinszenierung mißt. Der Narzißmus scheint für viele tatsächlich der einzige Ausweg zu sein, Hedonismus, Egalität und Egoismus auf einen gemeinsamen Nenner zu bringen. Die so „Befreiten“ verfallen den geballten Angriffen der medialen Verführungskünstler auf unsere Triebenergien nur um so williger.
Die grün-alternative Verweigerung kann jedoch keine Lösung sein. Sie bleibt, wie wir gesehen haben, dem

Lustprinzip auf ihre Art verhaftet. Kulturelle Stilbildung heißt die Losung der 90er Jahre. Sie hat ihre Vertreter u. a. in jenen jungen Aufsteigern, die nicht jammern, sondern handeln, die auf Qualität Wert legen und sich ihrer ökologischen Verantwortung bewußt sind, denen das Wort Elite flüssig von den Lippen geht und denen ein „statthafter Luxus" kein schlechtes Gewissen bereitet. Schon seit längerem trägt man wieder konservativ, nun kann man sich — aus Einsicht und Verantwortung — getrost dazu bekennen.

Literaturhinweise

Adorno, Theodor W./Horkheimer, Max: Dialektik der Aufklärung (1944), Frankfurt/M. 1987

Bell, Daniel: Die Sozialwissenschaften seit 1945, Frankfurt/M. 1986

Bell, Daniel: Kapitalismus und Kultur - Vom Ende des Modernismus, Der Monat 288/1983

Diderot, Denis: Philosophische und politische Texte aus der Enzyklopädie, München 1969

Eco, Umberto: Apokalyptiker und Integrierte, Frankfurt/M. 1984

Elias, Norbert: Über den Prozeß der Zivilisation, Bern 1969 (1936)

Forsthoff, Ernst: Der Staat der Industriegesellschaft, München 1971

Freyer, Hans: Gedanken zur Industriegesellschaft, Mainz 1970

Gehlen, Arnold: Moral und Hypermoral, Wiesbaden 1969

Geißler, Erich E.: Welche Farbe hat die Zukunft?, Bonn 1986

Greiffenhagen, Martin (Hrsg.): Emanzipation, Hamburg 1973

Günther, Henning: Art. Antiautoritäre Erziehung, in: Politisch-Pädagogisches Handwörterbuch, Percha 1985

Guggenberger, Bernd: Sein oder Design, Berlin 1987

Habermas, Jürgen: Die neue Unübersichtlichkeit, Frankfurt/M. 1985

Habermas, Jürgen: Zur Rekonstruktion des Historischen Materialismus, Frankfurt/M. 1976

Herrmann, Ludolf: Die Neue Zuversicht, Stuttgart 1986

Hofstätter, Peter R.: Bedingungen der Zufriedenheit, Zürich 1987

Horx, Matthias: Das Ende der Alternativen, München 1985

Huber, Joseph: Wer soll das alles ändern, Berlin 1986.

Kondylis, Panajotis: Konservativismus, Stuttgart 1986

König, Otto: Matreier Gespräche - Kulturwissenschaftliche Beiträge zur Verhaltensforschung, Wien 1984

Krippendorff, Ekkehart: „Die Deutschen sind nicht mehr, was sie waren" in: Spiegel Nr. 23/1987

Kunz, Norbert (Hrsg.): Ökologie und Sozialismus, Köln 1986

Lafargue, Paul: Das Recht auf Faulheit, Frankfurt/M. 1966

Lasch, Christopher: Das Zeitalter des Narzißmus, München 1986

Lorenz, Konrad: Die acht Todsünden der Zivilisierten Menschheit, München 1973

Luhmann, Niklas: Ökologische Kommunikation, Opladen 1986

Lübbe, Hermann: Fortschritts-Reaktionen, Graz 1987

Marcuse, Herbert: Der eindimensionale Mensch, Neuwied 1967

Marcuse, Herbert: Triebstruktur und Gesellschaft (1955), Frankfurt/M. 1967

Marx, Karl/Engels, Friedrich: Kommunistisches Manifest, 1848

Marx, Karl: Die deutsche Ideologie, 1845/46 (Berlin 1953)
Mohler, Armin: Die Konservative Revolution in Deutschland 1918-1932, Darmstadt 1972
Neill, Alexander S.: Theorie und Praxis der antiautoritären Erziehung, Reinbek 1965
Noelle-Neumann, Elisabeth/Köcher, Renate: Die verletzte Nation, Stuttgart 1987
Packard, Vance: Die geheimen Verführer, Frankfurt/M. 1958
Pasolini, Pier Paolo: Freibeuterschriften. Die Zerstörung der Kultur des Einzelnen durch die Konsumgesellschaft, Berlin 1979
Reich, Wilhelm: Der Einbruch der sexuellen Zwangsmoral (1932), Berlin 1972
Reich, Wilhelm: Die Funktion des Orgasmus (1927), Amsterdam 1965
Reich, Wilhelm: Die sexuelle Revolution. Zur charakterlichen Selbststeuerung des Menschen, Frankfurt 1976
Riesman, David: Die einsame Masse, Hamburg 1958
Rostow, Walt: The Stages of Economic Growth. A Non-Communist Manifesto, Cambridge 1960
Sachsse, Hans: Anthropologie der Technik, Braunschweig 1978
Sachsse, Hans: Ökologische Philosophie, Darmstadt 1984
Saint-Simon, Claude-Henri de: Ausgewählte Schriften, Berlin 1977
Schelsky, Helmut: Die Arbeit tun die anderen, München 1977
Schlesky, Helmut: Der Mensch in der wissenschaftlichen Zivilisation, Köln 1961
Schmitt, Carl: Politische Romantik (1919), Berlin 1982
Sennet, Richard: Verfall und Ende des öffentlichen Lebens, Frankfurt/M. 1983
Sieburg, Friedrich: Abmarsch in die Barbarei, Berlin 1986
Sieferle, Rolf-Peter: Fortschrittsfeinde, München 1984
Simmel, Georg: Brücke und Tür, Stuttgart 1957
Trotzki, Leo: Literatur und Revolution, Moskau 1923
Veblen, Thorstein: Die Theorie der feinen Leute (1899), München 1981
Weber, Max: Wirtschaft und Gesellschaft, Köln 1964
Willms, Bernhard: Die politischen Ideen von Hobbes bis Ho Tschi Minh, Stuttgart 1971

TEXTE + THESEN

LIEFERBARE TITEL

Politik

Fromme, Friedrich K.
Der Parlamentarier — ein Freier Beruf?
ISBN 3-7201-5103-4 12,-

Gysling, Erich
Arabiens Uhren gehen anders
Eigendynamik und Weltpolitik in Nahost
ISBN 3-7201-5149-2 14,-

Heck, Bruno
Vaterland Bundesrepublik?
ISBN 3-7201-5174-3 14,-

Hellmer, Joachim
Anpassung oder Widerstand?
Der Bürger als Souverän —
Grenzen staatlicher Disziplinierung
ISBN 3-7201-5201-4 14,-

Hillgruber, A./Hildebrand, K.
Kalkül zwischen Macht und Ideologie
Der Hitler-Stalin-Pakt:
Parallelen bis heute?
ISBN 3-7201-5125-5 12,-

Höpker, Wolfgang
Aktionsfeld Pazifik
Politik, Wirtschaft, Strategie
ISBN 3-7201-5112-3 12,-

Höpker, Wolfgang
Sozialistische Internationale
Aufschluß über eine unbekannte Größe
ISBN 3-7201-5148-4 14,-

Kirsch, Botho
Kalter Friede — was nun?
Die Konfliktstrategie der Sowjets
ISBN 3-7729-5053-1 9,-

Kirsch, Botho
Westdrall — Ostdrift
Wie selbständig darf deutsche Politik sein?
ISBN 3-7201-5184-0 14,-

Langguth, Gerd
Der grüne Faktor
Von der Bewegung zur Partei?
ISBN 3-7201-5169 -7 14,-

Laufer, Heinz
Bürokratisierte Demokratie
ISBN 3-7201-5157-3 14,-

Lendvai, Paul
Das einsame Albanien
Reportage aus dem Land der Skipetaren
ISBN 3-7201-5177-8 14,-

Lendvai, Paul
Das eigenwillige Ungarn
Innenansichten eines Grenzgängers
ISBN 3-7201-5195-6 14,-

Lobkowicz, Nikolaus
Marxismus und Machtergreifung
Der kommunistische Weg zur Herrschaft
ISBN 3-7201-5101-8 12,-

Meissner, Boris
Sowjetische Kurskorrekturen
Breshnew und seine Erben
ISBN 3-7201-5168-9 14,-

Oberreuter, Heinrich
Kann der Parlamentarismus überleben?
Bund, Länder, Europa
ISBN 3-7201-5093-3 9,-

Oberreuter, Heinrich
Übermacht der Medien
Erstickt die demokratische Kommunikation?
ISBN 3-7201-5144-1 14,-

Oberreuter, Heinrich
Parteien — zwischen Nestwärme und Funktionskälte
ISBN 3-7201-5165-4 14,-

Oberreuter, Heinrich
Stimmungsdemokratie
Strömungen im politischen Bewußtsein
ISBN 3-7201-5205-7 14,-

Ortlieb, H.-D./Lösch, D.
Was wird aus Südafrika?
Ein Subkontinent sucht den lenkbaren Wandel
ISBN 3-7201-5187-5 14,-

Pauls, Rolf F.
Rettet uns die Rüstungspolitik?
Sicherheit am Ende eines unsicheren Jahrhunderts
ISBN 3-7201-5152-2 14,-

Roegele, Otto B.
Medienpolitik — und wie man sie macht
ISBN 3-7729-5040-X 9,-

Rühle, Hans
Angriff auf die Volksseele
Über Pazifismus zum Weltfrieden?
ISBN 3-7201-5175-1 14,-

Rüthers, Bernd
Grauzone Arbeitsrechtspolitik
ISBN 3-7201-5190-5 14,-

Rüthers, Bernd
Wir denken die Rechtsbegriffe um ...
Weltanschauung als Auslegungsprinzip
ISBN 3-7201-5199-9 14,-

Scheuch, Ute und Erwin K.
China und Indien
Eine soziologische Landvermessung
ISBN 3-7201-5196-4 14,-

Schlosser, Günter
Briefe vom Kap
Ein Deutscher über seine Wahlheimat Südafrika
ISBN 3-7201-5193-X 14,-

Sontheimer, Kurt
Der unbehagliche Bürger
Vom deutschen Umgang mit der Demokratie
ISBN 3-7201-5122-0 12,-

Ströbinger, Rudolf
Roter Kolonialismus
Minderheiten im Ostblock
ISBN 3-7201-5131-X 12,-

Ströbinger, Rudolf
Poker um Prag
Die frühen Folgen von Jalta
ISBN 3-7201-5181-6 14,-

Veen/Meissner/Domes/Kux/Mertes
Wandel im Kommunismus
ISBN 3-7201-5114-X 12,-

Weidenfeld, Werner
Ratlose Normalität
Die Deutschen auf der Suche nach sich selbst
ISBN 3-7201-5172-7 14,-

Wingen, Max
Kinder in der Industriegesellschaft — wozu?
Analysen — Perspektiven — Kurskorrekturen
ISBN 3-7201-5146-8 14,-

Zimmermann, Ekkart
Massen-Mobilisierung
Protest als politische Gewalt
ISBN 3-7201-5163-8 14,-

Zöller, Michael, Hrsg.
Aufklärung heute
Bedingungen unserer Freiheit
ISBN 3-7201-5126-3 12,-

Wirtschaft

Andreae, Clemens-August
Vom Boß zum Partner
ISBN 3-7201-5154-9 14,-

Huppert, Walter
Sozialpolitik — Stolz der Nation
Bedenkliche Folgen des Wohlfahrtsstaates
ISBN 3-7201-5145-X 12,-

Jenny, Hans
Das neue Afrika
Kontinent im Umbruch
ISBN 3-7201-5127-1 12,-

Jungblut, Michael
Je mehr er hat, je mehr er will ...
Über soziale und
wirtschaftliche Machbarkeiten
ISBN 3-7201-5133-6 14,-

Kirsch, Botho
Zwischen Marx und Murks
So wirtschaftet der Osten
ISBN 3-7201-5123-9 14,-

Obst, Werner
Reiz der Idee — Pleite der Praxis
Ein deutsch-deutscher Wirtschaftsvergleich
ISBN 3-7201-5158-1 14,-

Pentzlin, Heinz
Arbeitslos — Los der Zukunft?
ISBN 3-7201-5085-2 9,-

Rüthers, Bernd
Die offene ArbeitsGesellschaft
Regeln für soziale Beweglichkeit
ISBN 3-7201-5186-7 14,-

Theobald, Adolf
Das Ökosozialprodukt
Lebensqualität als Volkseinkommen
ISBN 3-7201-5185-9 14,-

Zeller, Willy
Die unvollendete Union
Qualitätsmängel der Europäischen Gemeinschaft
ISBN 3-7201-5092-5 9,-

Gesellschaft

Burens, Peter-Claus
Stifter als Anstifter
Vom Nutzen privater Initiativen
ISBN 3-7201-5200-6 14,-

Fisch, Mascha M.
Zwischen Abenteuer und Frust
Frauen in ungewöhnlichen Berufen
ISBN 3-7201-5173-5 14,-

Grupe, Ommo
Sport als Kultur
ISBN 3-7201-5198-0 14,-

Haag, Herbert
Bewegungskultur und Freizeit
Vom Grundbedürfnis nach Sport und Spiel
ISBN 3-7201-5188-3 14,-

Helbling, Hanno, Hrsg.
Religionsfreiheit im 20. Jahrhundert
ISBN 3-7201-5094-1 9,-

Hellmer, Joachim
Verdirbt die Gesellschaft?
Kriminalität als zwischenmenschliches Verhalten
ISBN 3-7201-5132-8 14,-

Höfer, Max A.
Zwischen Lustprinzip und Ökoaskese
Aufbruch in eine konservative Neuzeit?
ISBN 3-7201-5203-0 14,-

Höhler, Gertrud
Gesinnungskonkurrenz der Intellektuellen
ISBN 3-7201-5106-9 12,-

Hölder, Egon
Durchblick ohne Einblick
Die amtliche Statistik zwischen Datennot und Datenschutz
ISBN 3-7201-5179-4 14,-

Hofstätter, Peter R.
Bedingungen der Zufriedenheit
ISBN 3-7201-5192-1 14,-

Klose, Werner
Stafetten-Wechsel
Fünf Generationen formen unsere Welt
ISBN 3-7201-5160-3 14,-

Lehr, Ursula
Ist Frauenarbeit schädlich?
Im Spannungsfeld von Familie und Beruf
ISBN 3-7201-5116-6 12,-

Lenk, Hans
Eigenleistung
Plädoyer für eine positive Leistungskultur
ISBN 3-7201-5164-6 14,-

Lenk, Hans
Die achte Kunst
Leistungssport — Breitensport
ISBN 3-7201-5176-X 14,-

Leuenberger, Theodor
Lebenskonzepte: Brauchen wir veränderte Leitbilder?
ISBN 3-7201-5139-5 12,-

Lindner, Roland, Hrsg.
Verspielen wir die Zukunft?
Gespräche über Technik und Glück
ISBN 3-7201-5150-6 14,-

Lobkowicz, N./Hertz, A.
Am Ende aller Religion?
Ein Streitgespräch
ISBN 3-7201-5077-1 9,-

Lübbe, Hermann
Zwischen Trend und Tradition
Überfordert uns die Gegenwart?
ISBN 3-7201-5136-0 14,-

Maier, Hans
Die Grundrechte des Menschen im modernen Staat
ISBN 3-7729-5036 -1 9,-

Mast, Claudia
Aufbruch ins Paradies?
Die Alternativbewegung und ihre Fragen an die Gesellschaft
ISBN 3-7201-5124-7 12,-

Mast, Claudia
Zwischen Knopf und Kabel
Kommunikationstechnik für Wirtschaft und Feierabend
ISBN 3-7201-5161-1 14,-

Meier-Bergfeld, Peter
Staats(ver)diener
Der öffentliche Dienst
ISBN 3-7201-5166-2 14,-

Meves, Christa
Werden wir ein Volk von Neurotikern?
Antrieb — Charakter — Erziehung
ISBN 3-7201-5081-X 14,-

Noelle-Neumann, Elisabeth
Werden wir alle Proletarier?
Wertewandel in unserer Gesellschaft
ISBN 3-7201-5102-6 12,-

Noelle-Neumann, Elisabeth
Eine demoskopische Deutschstunde
ISBN 3-7201-5155-7 14,-

Noelle-Neumann, Elisabeth/
Maier-Leibnitz, Heinz
Zweifel am Verstand
Das Irrationale als die neue Moral
ISBN 3-7201-5202-2 14,-

Piel, Edgar
Im Geflecht der kleinen Netze
Vom deutschen Rückzug ins Private
ISBN 3-7201-5197-2 14,-

Pourroy, Gustav Adolf
Das Prinzip Intrige
Über die gesellschaftliche Funktion eines Übels
ISBN 3-7201-5194-8 14,-

Roegele, Otto B.
Was wird aus dem gedruckten Wort?
Vom Lesen als Bürgerpflicht
ISBN 3-7201-5099-2 9,-

Roegele, Otto B.
Neugier als Laster und Tugend
ISBN 3-7201-5142-5 14,-

Schmitz-Moormann, Karl
Menschenwürde
Anspruch und Wirklichkeit
ISBN 3-7201-5117-4 12,-

Silbermann, Alphons
Der ungeliebte Jude
Zur Soziologie des Antisemitismus
ISBN 3-7201-5134-4 12,-

Silbermann, Alphons
Was ist jüdischer Geist?
Zur Identität der Juden
ISBN 3-7201-5167-0 14,-

Spann, Wolfgang
Justitia und die Ärzte
Leben, Gesundheit und Gesetz
ISBN 3-7201-5115-8 12,-

Usbeck, Ilse
Studenten-Muffel
Ratschläge für den Umgang mit einer traurigen Generation
ISBN 3-7201-5153-0 14,-

Wilhelm, Theodor
Die Rede vom Partner
Über soziale Einstellungen der Zukunft
ISBN 3-7201-5129-8 12,-

Wingen, Max
Nichteheliche Lebensgemeinschaften
Formen — Motive — Folgen
ISBN 3-7201-5171-9 14,-

Wulffen, Barbara von
Zwischen Glück und Getto
Familie im Widerspruch zum Zeitgeist?
ISBN 3-7201-5128-X 14,-

Kultur/Bildung

Betz, Werner
Verändert Sprache die Welt?
Semantik, Politik und Manipulation
ISBN 3-7201-5097-6 9,-

Claus, Jürgen
Umweltkunst
Aufbruch in neue Wirklichkeiten
ISBN 3-7201-5151-4 14,-

Claus, Jürgen
Das elektronische Bauhaus
Gestaltung mit Umwelt
ISBN 3-7201-5204-9 14,-

Maier, Hans
Sprache und Politik
Essay über aktuelle Tendenzen — Briefdialog mit Heinrich Böll
ISBN 3-7201-5080-1 9,-

Mensing, Wilhelm
Maulwürfe im Kulturbeet
DKP-Einfluß in Presse, Literatur und Kunst
ISBN 3-7201-5156-5 14,-

Nipperdey, Thomas, Hrsg.
Hochschulen zwischen Politik und Wahrheit
Sind die Reformen zu verkraften?
ISBN 3-7201-5140-9 12,-

Roellecke, Gerd
Wird das Falsche falsch studiert?
Vom Hintersinn der Studienreform
ISBN 3-7201-5118-2 12,-

Ross, Werner
Mit der linken Hand geschrieben . . .
Der deutsche Literaturbetrieb
ISBN 3-7201-5170-0 14,-

Rüegg, Walter, Hrsg.
Konkurrenz der Kopfarbeiter
Universitäten können besser sein:
Ein internationaler Vergleich
ISBN 3-7201-5**182**-4 14,-

Seel, Wolfgang
Das anstrengende Vorbild
Japan — vom Kindergarten
bis zur Industrieforschung
ISBN 3-7201-5**159**-X 14,-

Seel, Wolfgang
Bildungs-Egoismus
Alle wollen mehr
ISBN 3-7201-5**180**-8 14,-

Natur/Umwelt

Eberlein, Gerald L.
Maximierung der Erkenntnisse ohne sozialen Sinn?
Für eine wertbewußte Wissenschaft
ISBN 3-7201-5**206**-5 14,-

Hammer, Felix
Selbstzensur für Forscher?
Schwerpunkte einer Wissenschaftsethik
ISBN 3-7201-5**162**-X 14,-

Illies, Joachim
Nicht Tier, nicht Engel
Der Mensch zwischen Natur und Kultur
ISBN 3-7201-50**59**-3 9,-

Illies, Joachim
Der Mensch in der Schöpfung
Ein Naturwissenschaftler liest die Bibel
ISBN 3-7201-50**88**-7 9,-

Illies, Joachim
Schöpfung oder Evolution
Ein Naturwissenschaftler
zur Menschwerdung
ISBN 3-7201-5**121**-2 12,-

Illies, Joachim
Theologie der Sexualität
Die zweifache Herkunft der Liebe
ISBN 3-7201-5**135**-2 14,-

Langguth, Susanne
Food und Fakten
Wie sicher sind unsere Lebensmittel?
ISBN 3-7201-5**189**-1 14,-

Maier-Leibnitz, Heinz
An der Grenze zum Neuen
Rollenverteilung zwischen Forschern und
Politikern in der Gesellschaft
ISBN 3-7201-50**90**-9 9,-

Maier-Leibnitz, Heinz
Der geteilte Plato
Ein Atomphysiker zum Streit
um den Fortschritt
ISBN 3-7201-5**138**-7 14,-

Maier-Leibnitz, Heinz
Lernschock Tschernobyl
ISBN 3-7201-5**191**-3 14,-

Mayrhofer, Franz
Warum sind alle unzufrieden?
Massenmensch und Gleichgewicht
ISBN 3-7201-5**130**-1 12,-

Wulffen, Barbara von
Lichtwende
Vorsorglicher Nachruf auf die Natur
ISBN 3-7201-5**178**-6 14,-

Die Reihe wird fortgesetzt. Fordern Sie Informationsmaterial an.

Verlag A. Fromm, Postfach 19 48, D—4500 Osnabrück
Edition Interfrom, Postfach 50 05, CH—8022 Zürich